Paul Humberstone

à

mot

A new advanced

French vocabulary

Hodder & Stoughton

A MEMBER OF THE HODDER HEADLINE GROUP

Introduction

Few have wept at the demise of the vocabulary test of yesteryear, with its portcullis, sluice-gate and monkey-puzzle tree. The welcome we have extended to the micro-chip, the falling birth-rate and the greenhouse effect has somehow left unanswered the question as to how the student acquires vocabulary now that it is no longer considered sensible to learn lists of trees on the bus to school. It has not been proved, to my knowledge, that authentic teaching materials enable the student to learn words by osmosis. It is far from certain that vocabulary notes taken in class (even if not subsequently mislaid) provide an adequate source of revision. The mere fact that topic-based language learning involves a variety of skills, and possibly even lessons with different teachers, makes the acquisition and the revision of vocabulary an altogether more complicated process than it once was.

No student can become articulate in a foreign language without making an effort to learn vocabulary. However effectively you cover a topic in class, you cannot expect all the material to remain forever available for instant recall unless you revise it regularly. Your memory prefers orderly presentation. It cannot be expected to cope with messy marginal notes or last-minute cramming of umpteen forgotten topics.

This book is designed to help with the continuous process of consolidation and revision of vocabulary. It does not systematically repeat GCSE material, although in some topic areas where there is an overlap with GCSE, a 'reminder' section is provided. The book does not contain just a list of words. Much of the material is in the form of phrases, invariably drawn from contemporary newspapers, magazines and radio broadcasts. The translations offered are intended to catch the sense and tone of the French rather than to be beautifully literary. The book does not seek to replace the dictionary, and does not claim to be exhaustive. The student should feel free to compose supplements to each section drawn from other relevant material. Genders are not supplied where there is evidence to show what they are. The definite article is used unless it is inappropriate in the context.

The first and last sections meet a perennial need and a relatively new one respectively. The former has been prompted by my own experience of marking A Level essays. I hope it will encourage students to diversify their turns of phrase. Each heading represents an overworked or lame expression. The last section is designed particularly to assist the increasing number of students who discuss and write about their literary texts in French.

Oral and essay work should benefit from the judicious use of this material. It must not go unsaid, however, that any student of French who wishes to be truly articulate must learn not only the words but the grammar which strings them together.

D.P.H.

Contents

Introduction

I Comment dirais-je. . .? Expressions for oral and essay work

A	Premièrement	6
B	Il y a un grand problème	6
C	Le problème devient plus grand	7
D	Comment résoudre le problème?	7
E	Important	8
F	Pourquoi	8
G	Parce que/A cause de	9
H	Des gens pensent que	9
I	Je suis d'accord	9
J	A mon avis	10
K	C'est évident	10
L	Je ne suis pas d'accord	11
M	Comme j'ai déjà dit	13
N	Et	13
O	Mais	13
P	Donc	14
Q	Au sujet de	14
R	En général	14
S	Si c'est vrai	15
T	Euh. . .	15
U	On verra	15
V	Le temps	16
W	Finalement	17
X	En vrac	18

2 La Vie urbaine et rurale

A	Rappel	19
B	La Vie urbaine	19
C	La Vie rurale	20

3 La Vie économique

A	Rappel	21
B	L'Etat	21
C	La Bourse	23

D	Les Affaires	24
E	Le Budget familial	26

4 La Vie politique

A	Les Collectivités locales	29
B	La Campagne électorale	29
C	Les Elections	29
D	Le Gouvernement	30
E	Les Querelles partisanes	32
F	La Politique extérieure	33
G	Le Terrorisme	34

5 L'Immigration et le racisme

A	L'immigration et l'émigration	35
B	Les Problèmes de l'insertion	35
C	Le Racisme	36

6 Le Crime et la loi

A	Le Droit civil	38
B	Le Droit pénal	38
C	L'Ordre public	40
D	La Police	40
E	L'Enquête policière	40
F	Le Procès	41

7 Les Rapports humains

A	Le Taux de natalité	44
B	La Famille	44
C	L'Age ingrat	45
D	La Vie sociale	46
E	La Vie affective	48
F	Le Caractère	49
G	Les Disputes	50
H	Le Troisième Age	52

8 L'Education

A	Rappel	53
B	L'Administration	54
C	Le Lycée	54
D	L'Après-Bac	58

9 Le Travail

A	La Formation professionnelle	59
B	Le Marché du travail	59
C	Poser sa candidature	60

D   La Foire d'empoigne   60
E   L'Industrie   61
F   Le Bureau   61
G   Les Horaires   62
H   Les Grèves   62
I   Le Chômage   63

10 **La Santé**

A   Les Soins médicaux   65
B   La Drogue   66

11 **Les Sciences et la technologie**

A   La Recherche scientifique   68
B   La Recherche médicale   68
C   L'Informatique   70
D   La Diététique   70

12 **L'Ecologie et l'environnement**

A   L'Exploitation des ressources   72
B   Les Retombées   72
C   Les Mesures à prendre   73

13 **Les Voyages et les moyens de transport**

A   Prendre le volant   75
B   Prendre le train   79
C   Prendre l'autobus   80
D   Prendre le métro   81
E   Prendre un taxi   81
F   Prendre le bateau   81
G   Prendre l'avion   82
H   Les Autres Moyens de transport   83
I   Les Voyages en général   83

14 **Les Médias**

A   La Radio   85
B   La Télévision   85
C   Le Théâtre   86
D   Le Cinéma   87
E   La Presse   87
F   La Publicité   89

15 **La Littérature**

A   La Production littéraire   90
B   Le Contenu   90
C   La Critique littéraire   91
D   Les Beaux Arts   94

Comment dirais-je?

Quelques suggestions pour enrichir la conversation et la rédaction.

Premièrement

Firstly

préalablement	beforehand
au premier abord/à première vue	at first sight
réfléchissons d'abord à ...	let us first consider ...
il s'agit d'abord de se demander	we must first ask ourselves
d'abord les faits	first the facts
débrouiller les faits	to sort out the facts
déblayer le terrain	to clear the ground
chercher un point de repère	to seek a point of reference
partons du principe que ...	let us take as a basic principle that ...
remonter de l'effet à la cause	to work back from effect to cause
désigner les sources du mal	to pinpoint the origins of the ill
faire le point de l'affaire	to summarise the issue
de quoi s'agit-il en fait?	what in fact is the issue?
tirer l'affaire au clair	to shed light on the matter
démêler l'affaire	to sort out what is going on
cerner le problème essentiel	to define the main problem
saisir le fond des enjeux	to grasp what is basically at stake
donner quelques précisions	to clarify a few details
dégager quelques points forts	to bring out some important points
les avantages et les inconvénients	the pros and cons

Il y a un grand problème

There is a big problem

il existe	there is/there are
on peut constater (que)	we can see (that)
notons l'existence de ...	let us note the existence of ...
n'oublions pas la présence de ...	let us not forget the presence of ...
il s'agit de ...	we are talking about/it's a question of ...
la crise	crisis
la difficulté	difficulty

à l'échelle nationale	on a national scale
européenne	European
mondiale	world-wide
une situation inquiétante	worrying state of affairs
un accident conjoncturel	conspiracy of circumstances
la controverse porte sur ...	the argument involves ...
ce qui est en cause, c'est ...	what is at issue is ...
la pierre d'achoppement	stumbling block
l'entrave (f)	hindrance
le voyant rouge	red light
le souci prédominant	main worry
quelque chose ne tourne pas rond	something is wrong

Le problème devient plus grand

The problem is getting bigger

une autre difficulté vient s'ajouter	another difficulty crops up
la situation s'aggrave	the situation is getting worse
ne laisse pas d'inquiéter	continues to cause concern
tourne à la catastrophe	is becoming disastrous
arrive au seuil de la catastrophe	is verging on disaster
se répète un peu partout	is occurring all over the place
le problème a pris une telle ampleur que ...	the problem has taken on such proportions that ...
pour comble de malheur	to cap it all
tout ou presque reste à faire	almost everything has still to be done

Comment résoudre le problème?

How can the problem be solved?

le gouvernement a intérêt à ...	it is in the government's interest to ...
la question est de savoir comment s'y prendre pour ...	it is a matter of knowing how to go about ...
la carte maîtresse	trump card
tenir le mot de l'énigme	to hold the key to the mystery
la guérison de tous les maux	the cure for all ills
la solution qui s'impose	the obvious solution
des mesures d'urgence s'imposent	urgent measures are needed

il faut mettre les bouchées doubles — extra efforts are required
l'essentiel du travail consiste à ... — the main job is to ...
rétablir un équilibre — to restore a balance
faire peau neuve — to get a new image
mieux vaut ... que de ... — it is better to ... than to ...

Important

Important

prendre au sérieux — to take seriously
ne pas prendre à la légère — not to take lightly
souligner l'importance de — to emphasize the importance of
il est utile de s'attarder sur — it is worth dwelling on
il ne faut pas passer sous silence / tirer le rideau sur — we must not draw a veil over
un enjeu capital — a prime issue
la clef de la voûte — keystone
peser lourd — to weigh heavily
peser sur tout le monde — to weigh on everybody
provoquer des remous — to cause shockwaves
au noeud du débat — at the centre of the debate
jouer un rôle primordial / prépondérant — to play a major part
il est à noter que ... — it must be noted that ...
il faut tenir compte du fait que ... — we must take into account that ...
il faut insister sur le fait que ... / l'importance de ... — we must emphasize that ... / the importance of ...
il ne faut pas banaliser le danger — we must not play down the danger

Pourquoi?

Why?

la question est de savoir pourquoi — the question is why
il faut essayer de comprendre pourquoi — we must try to understand why
reste à comprendre pourquoi — it remains to work out why
tenter de déterminer les causes — to try to identify the causes
qu'est-ce qui est en cause? — what is at issue?
de quoi s'agit-il en effet? — what is actually at issue?

8

Parce que/à cause de

Because/because of

toute la difficulté est de (+ *infin*) . . .
          réside en
             (+ *noun*) . . .
entrer en ligne de compte
mettre qqch. sur le compte de . . .
compte tenu du fait que . . .
tenant pour acquis que . . .
étant donné que . . .
vu que . . .
en raison de . . .
face à/devant . . .
à en juger par . . .

the main difficulty is to . . .
                is in . . .

to be part of the problem
to attribute something to . . .
taking account of the fact that . . .
taking it for granted that . . .
given that . . .
considering that . . .
in view of . . .
in the face of . . .
judging by . . .

Des gens pensent que . . .

People think that . . .

certains soutiennent que . . .
d'autres diront
certains experts soutiennent
selon les chiffres officiels
les experts se montrent formels
le sondage ⎫
l'enquête (f) ⎬
prendre un échantillon de la
   population
sonder/déceler les opinions
la grande majorité des . . .
   trouvent que . . .
selon certaines rumeurs
on a tendance à croire
l'idée traîne un peu partout
les avis sont partagés sur ce point
on a souvent présenté . . . comme
il est de notoriété publique
chacun y va de son refrain
réclamer à cor et à cri

some people maintain that . . .
others will say
some experts maintain
according to official figures
the experts are categorical

opinion poll

to take a sample of the population

to find out what people think
the vast majority of . . . think that . .

according to some rumours
people tend to believe
the view is quite widely held
opinion is divided on this matter
. . . has often been described as . . .
it is (unwelcome) public knowledge
everyone repeats his/her view
to demand loudly, shout for

Je suis d'accord

I agree

il faut se rendre à l'évidence
on considère à juste titre que

one must submit to the obvious
people rightly think that . . .

9

c'est un argument de poids	it is a forceful argument
l'argument ne manque pas de poids	the argument is not without force
donner du poids à une hypothèse	to lend weight to a supposition
déclarer sans ambages	to state without reserve
accepter sans broncher	to accept/agree unflinchingly
sans équivoque	unequivocally
se laisser convaincre	to let o.s. be convinced
sans réserve	unreservedly
un jugement sain	sound judgement
une idée nette/claire	clear idea
juste	sound idea
clairvoyant	perceptive idea
perspicace	idea which shows insight
sagace	shrewd idea
pertinente	relevant idea
persuásive	persuasive idea
convaincante	convincing idea
puissante	powerful idea

J   A mon avis — In my opinion

à mon sens	as I see it
pour ma part	for my part
il me semble que ...	it seems to me that ...
j'estime que ...	I consider that ...
je soutiens que ...	I maintain that ...
je suis d'accord avec ceux qui ...	I agree with those who ...
je ne suis pas d'accord pour dire	I am not prepared to say
je suis frappé par (+ *noun*) ...	I am struck by ...
je suis persuadé que ...	I am convinced that ...
cela me paraît évident que ...	it seems obvious to me that ...
voir quel parti prendre	to see which side to take
voici ma prise de position:	here is the line I take:
sans parti pris	without prejudice
cela me conduit à penser que ...	that leads me to think that ...

K   C'est évident — It is obvious

les chiffres l'attestent	the figures bear this out
cela en dit long sur ...	that speaks volumes about ...
bien entendu	naturally
il n'est pas étonnant	it is not surprising

il est vraisemblable	it is likely
quasiment certain	more or less certain
hors de doute	beyond doubt
selon toute vraisemblance	in all probability
selon toute hypothèse	according to all suppositions
apparence	the evidence
il y a fort à penser	there is every reason for thinking
il y a tout lieu de penser	
tout porte à penser	everything leads one to think
comment s'étonner que (+ subj)	it is hardly surprising that
il ne faut pas s'étonner que (+ subj)	one should not be surprised that
nul n'ignore (que)	nobody is unaware of (that ...)
nul ne saurait douter que (+ subj)	nobody can doubt that ...
...	
tout contribue à cette certitude	everything contributes to this certainty
force est de constater	one cannot help stating
cela saute aux yeux	it is very obvious

Je ne suis pas d'accord

I disagree

I

j'y trouve à redire	I find things wrong with this
réagir contre	to react against
réfuter une théorie	to reject a theory
condamner nettement	to condemn outright
prendre le contre-pied	to take the opposite view

II

une idée monstrueuse	monstrous idea
aberrante	absurd idea
abracadabrante	preposterous idea
farfelue	eccentric idea
inadmissible	unacceptable idea
démentielle	crazy idea
c'est du jamais vu	it's unheard of
c'est le monde à l'envers	it's all upside down
c'est un outrage au bon sens	it's an outrage to common sense
c'est du pur délire	it's sheer lunacy
l'argument donne naissance à de vives critiques	the argument provokes forceful criticisms
l'argument ne repose sur rien de sérieux	there is no sound basis for the argument

l'argument ne rime à rien	the argument doesn't add up
recèle de graves ambiguïtés	conceals serious ambiguities
est hautement contestable	is highly debatable
est dépourvu de sens	is senseless
est inventé de toutes pièces	is pure invention
est de peu de poids	is insubstantial
est tiré par les cheveux	is contrived
est démenti par les faits	is belied by the facts
c'est une politique vouée à l'échec	it's a policy doomed to failure
de l'autruche	of burying one's head in the sand
de mauvais augure	which bodes ill
parler à tort et à travers	to speak nonsense
être à court d'arguments	to be short of arguments
débiter des banalités	to dish out clichés
exercer une influence malsaine	to have an unhealthy influence
nager dans la confusion	to flounder around in confusion
raisonner faux	to use false reasoning
employer un raisonnement obscur	to use obscure reasoning

III

qui pourrait soutenir que ...?	who could maintain that ...?
croit-on vraiment que ...?	do people really believe that ...?
où veut-on en venir?	what are they trying to achieve?
à quoi cela sert-il de ...(+ *infin*)?	what is the point of ...?
à quoi bon (+ *infin*)?	why bother to ...?
rien ne serait plus vain que (de + *infin*)	nothing would be more futile than (to) ...
on est en droit de se demander	one has every right to wonder
il est illusoire de s'imaginer que (+ *subj*)	it is fanciful to imagine
il est peu probable que (+ *subj*)	it is unlikely that ...
il est invraisemblable que (+ *subj*)	it is improbable that ...
il n'est pas certain que (+ *subj*)	it is not definite that ...
il est encore moins certain que (+ *subj*)	it is even less definite that ...

Comme j'ai déjà dit

j'en reviens toujours là
cet argument renforce ce que j'ai dit
j'ai déjà constaté
nous l'avons noté
bref
en d'autres termes
autrement dit
cela revient à dire que . . .
autant dire que . . .
cela se réduit à . . .
et l'on revient à la case départ

As I have said before

I come back to that point again
this argument supports what I said

I have already established
we have noted the fact
in a word

in other words

this boils down to saying that . . .

this boils down to . . .
and we come back to square one

Et

d'ailleurs
de/par surcroît
en/de plus
en outre
ajoutons que . . .
il en est de même
on notera au passage

And

besides

let us add that . . .
the same is true
we must note in passing

Mais

pourtant
cependant
néanmoins
toutefois
en effet
en vérité
à la vérité
par contre
à l'inverse
en revanche
en tout cas
de toute façon
en tout état de cause
quoi qu'il en soit
n'empêche que

But

however

nevertheless

but in fact

on the other hand

in any case

regardless of that

13

toujours est-il que . . .
il n'en reste pas moins que . . .   }   the fact remains that ...

Donc

Therefore

aussi (+ *inverted verb*)	so
voilà pourquoi	that is why
face à cette situation	given this state of affairs
par conséquent	
par voie de conséquence	as a consequence
d'où	as a consequence of which
par la suite	subsequently
il en résulte/découle (fatalement)	the (inevitable) result of this is
il s'ensuit que . . .	it follows from this that ...
et tout ce qui s'ensuit	and all the consequences

Au sujet de

On the subject of

en matière de . . .	
en/pour ce qui concerne . . .	where ... is/are concerned
quant à	as for
dans le cadre de	
dans l'optique de	in the area/context of
dans le domaine de	
par rapport à	
à l'égard de	
sur le plan de	with regard to
vis à vis de	
à propos de	

En général

In general

dans une large mesure	to a great extent
dans l'ensemble	on the whole
dans la mesure du possible	as far as possible
à tous les égards	
sous tous les rapports	in all respects
en substance	
en gros	substantially
en règle générale	as a rule
à de rares exceptions près	with few exceptions
la quasi-totalité	almost all

Si c'est vrai

s'il en est ainsi
admettons/supposons que les
   choses en soient là
selon cette hypothèse
le cas échéant

Euh . . .

en un certain sens
pour ainsi dire
en quelque sorte
or
et ainsi de suite

On verra

que résultera-t-il de . . . ?
reste à savoir si . . .
on peut se perdre en conjectures
se garder de tout pronostic
               jugement
                  péremptoire
prendre son mal en patience
rien ne laisse présager
quoi qu'il advienne
il est à prévoir que . . .
dans la meilleure des hypothèses
l'année s'annonce sous de
   meilleurs auspices
se dérouler selon les prévisions
suivre son cours normal
cela n'augure rien de bon
s'attendre au pire
faire craindre le pire
l'optimisme/pessimisme (m) reste
   de rigueur

If this is true

if this is the case
let us admit/suppose that things
   have come to this
according to this supposition
should this arise

Er . . .

in one sense
so to speak
in a way
so
and so on

We shall see

what will be the result of . . . ?
it remains to be seen whether . . .
one could speculate for ever
to refrain from making predictions
                  hasty judgement
to suffer in silence
there is no reason for predicting
whatever happens
it is possible to predict that . . .
if things turn out for the best
the year starts with better
   prospects
to go according to plan
to follow its usual course
that bodes ill
to expect the worst
to lead one to expect the worst
one can only be optimistic/
   pessimistic

V

Le Temps

Time

I

la minute	minute
la seconde	second
l'instant (m)	instant
quelques instants	a few moments
le moment	moment
au bout d'un moment	after a while
un petit moment	a little while
un bon moment	quite a while
l'époque (f)	era, period of time

II

autrefois ⎱ jadis ⎰	in days gone by
le bon vieux temps	the good old days
il y a belle lurette	a long while ago (reminiscence)
il y a bien longtemps	a very long time ago
à ce moment-là	at that time
à cette époque-là	in those days
naguère	not so long ago/in recent times
tout à l'heure	a little while ago (today)
jusqu'ici	up to now
en ce moment	at the moment
à l'heure actuelle ⎱ à l'heure qu'il est ⎰	at the present time
à l'époque actuelle ⎱ de nos jours ⎰	these days
dans les années quatre-vingt-dix	in the nineties

III

tout à l'heure	in a little while (today)
bientôt	soon
désormais ⎱ d'ores et déjà ⎰	from now on
dès le départ	from the outset
ju jour au lendemain	overnight
en un tournemain	in a trice
d'une minute à l'autre	any minute now
dans l'immédiat	in the immediate future
dans un premier temps	in the early stages
dans les plus brefs délais	as soon as possible
dans un délai de quinze jours	within a fortnight
arriver à (l')échéance	to reach the due date

un projet à plus longue échéance	a longer term plan
tôt ou tard	sooner or later

IV

de temps en temps	from time to time
quelquefois	sometimes
tous les deux jours	every other day
tous les quinze jours	every fortnight
à plusieurs reprises	several times over
la plupart du temps	most of the time

V

au même moment	at the same (period of) time
au même instant	at (precisely) the same moment
à la fois	simultaneously
en même temps	at the same time
dans un même temps	over the same period

VI

à l'avance	in advance
en avance	early, before time
à temps	in time
à l'heure	on time
sur le coup de dix heures ⎫ à dix heures précises ⎬	at exactly 10 o'clock
il est dix heures passées	it's gone 10 o'clock
je ne veux pas vous retarder	I don't want to delay you
je ne vous retiendrai pas longtemps	I won't keep you long
en retard	late
avoir du retard	to be running late
subir un retard	to experience a delay
il se fait tard	it's getting late
il ne va pas tarder	he won't be long

VII

friser la cinquantaine	to be pushing fifty
avoir soixante ans bien sonnés	to be at least sixty
il n'a plus vingt ans	he's getting on a bit

Finalement　　　　　　　　Finally

mettre les points sur les i	to dot the i's
en somme	to sum up

17

tout compte fait	when all is said and done
à tout prendre	taking everything together
à bien réfléchir	after careful thought
tout bien réfléchi	
restons-en là de notre examen de...	let us leave our examination of ... at that point
j'en viens à conclure que ...	I come to the conclusion that ...
il s'agit de porter un jugement sur...	we have to make a judgement on ...

En vrac

At random

un contraste saisissant	striking contrast
pour autant qu'on puisse en juger	as far as one can judge
aussi étonnant que cela puisse paraître	astonishing though it may seem
qu'on le veuille ou non	whether you like it or not
au sens strict	in the strict sense of the term
au propre comme au figuré	in the literal as well as the figurative sense
le point de mire	focal point
considérer qqch. à tête reposée	to think about sthg. calmly

La Vie urbaine et rurale

Rappel

Reminder

le citadin	town dweller
le chef-lieu	main town in area
le centre-ville	town centre
le quartier	district within town
l'arrondissement (m)	postal district within city
la banlieue	suburb
le faubourg	outskirts
la sortie de la ville	edge of town
le voisinage	neighbourhood
le bâtiment	building
l'immeuble (m)	apartment/office block
le grand magasin	department store
le centre commercial	shopping precinct
la grande surface	hypermarket
la zone piétonne/piétonnière	pedestrian precinct
le trottoir	pavement
la place	square
l'hôtel de ville (m)	town hall (large town)
la mairie	town hall (elsewhere)
le domicile	home
un H.L.M. (Habitation à loyer modéré)	council flat
le logement	accommodation
le loyer	rent
le locataire	tenant
le propriétaire	owner

La Vie urbaine

Town Life

l'urbanisation (f)	urban development
l'aménagement (m) du territoire	town and country planning
le parc immobilier	housing stock/number of properties nationwide
le cadre/le milieu	surroundings
l'appartement témoin	show flat
l'immeuble (m) de grand standing	luxury apartment block

le pavillon	detached house (*often suburban*)
la villa	detached house (*usually rural*)
la résidence secondaire	second property
la ville dortoir	dormitory town
champignonner	to mushroom
le banlieusard	suburban resident
le pâté de maisons	block of buildings
l'espace vert	area of greenery
faire la navette	to commute
métro–boulot–dodo	underground–work–sleep (*daily routine*)
la cité/le grand ensemble	estate of blocks of flats
la pénurie de logements locatifs	shortage of rented property
le quartier défavorisé	neglected area
un immeuble vétuste	run-down building
le taudis	hovel
le bidonville	shanty town
le terrain vague	waste ground
la zone industrielle	industrial estate
l'entrepôt (*m*)	warehouse
le chantier	building site

La Vie rurale

Country Life

I

La France profonde	the (rural) heart of France
le campagnard	country dweller
l'agriculteur	farmer
le cultivateur	
les exploitants agricoles	farming community
la culture	crop growing
labourer	to plough
la moisson	harvest
la récolte	harvested crop
le vigneron	wine-grower
le vignoble	vineyard
la vendange	grape harvest
l'éleveur (*m*)	livestock breeder
l'élevage (*m*)	livestock breeding
le bétail	livestock

II

l'exode rural	move to the towns
le dépeuplement	decrease in population
le manque de prestations	lack of facilities
laisser à l'abandon	to leave to rack and ruin

20

La Vie économique

Rappel

gagner	to earn
faire des économies	to save up
dépenser	to spend
débourser	to pay out
gaspiller	to waste, squander
prêter	to lend
emprunter	to borrow
recevoir	to receive
rembourser	to pay back
le client	customer
coûter (cher)	to cost (a lot)
payer à la caisse	to pay at the cash-desk
le billet de banque	banknote
le billet de cinquante francs	fifty franc note
la pièce (de monnaie)	coin
une pièce de dix francs	ten franc coin
la (petite) monnaie	(small) change
le compte en banque	bank account
le carnet de chèques	cheque book
la carte de crédit	credit card
un chèque de voyage	traveller's cheque
la livre sterling	pound sterling

L'Etat — The State

le Trésor public	public revenue office
la planification économique	economic planning
évaluer les comptes	to weigh up the accounts
la fiscalité	taxation
prélever des impôts	to levy taxes
l'Etat prélève sa quote-part	the State takes its cut
le percepteur d'impôts	collector of taxes
la perception	tax office
l'impôt (m) sur le revenu	income tax
la majoration (sensible) des taxes	(substantial) tax increase

21

l'allègement (m)	lightening the burden
l'alourdissement (m)	increasing the burden
la TVA (Taxe sur la valeur ajoutée)	Value Added Tax
subventionner	to subsidise
accorder des primes	to provide subsidies

II

la conjoncture économique	overall economic situation
la politique (anti-) inflationniste	(anti-) inflationary policy
l'indice (m) des prix	retail price index
un recul de l'épargne nationale	reduction in national savings
déclencher une crise	to provoke a crisis
le déficit budgétaire	budgetary deficit
le déficit du commerce extérieur se creuse	the balance of payments deficit is increasing
l'insuffisance de l'investissement	inadequate level of investment
la période de récession	period of recession
le ralentissement	slowing down
une accentuation de la hausse des prix	worsening in price rises
l'indice (m) d'un déséquilibre économique	sign of economic instability
atteindre la cote d'alerte	to reach danger point
l'inflation caracole	there is galloping inflation
engager le combat contre l'inflation	to fight inflation
prendre des mesures draconiennes	to take severe measures
le blocage des prix	price freeze
salaires	pay freeze
relever le taux d'intérêt	to raise the interest rate
prêter au taux de 15%	to lend at 15% interest
le taux de base bancaire	bank base rate (of interest)
l'évolution (f) du taux d'intérêt	changes in interest rates
le protectionnisme	protectionism (against imports)
plafonner	to reach a ceiling
les taux reprennent le chemin de la baisse	interest rates start coming down again
un plan de redressement	recovery plan
la relance de l'économie	getting the economy going again
la reprise	recovery
la croissance économique	economic growth
le P.I.B. (Produit intérieur brut)	G.N.P. (Gross National Product)
l'inflation a nettement reculé	inflation has come down considerably
une économie en pleine expansion	rapidly expanding economy

l'équilibre budgétaire (m) — balance between income and expenditure

III

une devise, monnaie forte	hard currency
faible	soft, weak currency
solide	strong currency
les devises étrangères	foreign currency
le taux de change	exchange rate
le cours du franc par rapport à …	the value of the franc against …
le franc a perdu du terrain	the franc has lost ground
est en chute libre	is falling in value very fast
la dévaluation	devaluation
le pays débiteur	debtor country
le système monétaire européen	European monetary system
l'unité monétaire	monetary union

La Bourse

The Stock Exchange

l'agent de change	stockbroker
le gestionnaire de portefeuilles	portfolio manager
l'investisseur	investor
l'actionnaire	shareholder
le placement l'investissement (m) la mise de fonds	investment
miser sur	to put one's money into
des titres cotés en Bourse	shares quoted on the Stock Exchange
les valeurs les plus prestigieuses de la cote	the most sought-after shares.
les cours de la Bourse	Stock Exchange prices
les valeurs (f)	securities
les valeurs d'ouverture/de clôture	opening/closing prices
un marché ferme	steady market
une forte hausse des valeurs	strong rise in stock prices
une envolée des marchés	take-off in market prices
réaliser des valeurs	to cash in stocks and shares
décrocher le gros lot	to make a 'killing'
les circonstances incitent à la prudence	circumstances would suggest caution
les cours fléchissent	prices show signs of instability
la baisse (brutale) des cours	(sharp) drop in prices
l'effondrement (m) du marché	collapse of the market
la dégringolade des actions	collapse of share prices

le calme plat	exceptionally quiet trading
le repli passager	temporary fall in prices
le marché remonte la pente	the market is recovering
le mouvement de hausse se poursuit	the increase in prices continues
une importante vague d'achats	a surge in buying
le délit d'initié	insider dealing

Les Affaires — Business

une régie d'Etat	state-run industry
le secteur public	public sector
le secteur privé	private sector
une entreprise	company
le fabricant	manufacturer
le producteur	producer
le négociant (en gros) le grossiste	wholesaler
le détaillant	retailer
le consommateur	consumer
les matières premières	raw materials
la fabrication	manufacture
les moyens (m) de production	production methods
la fabrication en série	mass production
les marchandises (f)	goods
les marchandises de pacotille	cheap and nasty goods
haut de gamme	high quality goods
la marque déposée	registered trade mark
le produit de marque	high-quality product
le lancement d'un nouveau produit	launching of a new product
partir à la conquête d'un marché	to set out to capture a market
mettre en vente	to put on sale
trouver des créneaux pour diffuser un produit	to find openings to market a product
décrocher un marché	to find a market
déboucher sur le marché	to come onto the market
inonder le marché	to flood the market
la livraison	delivery
l'exportation (f)	export
s'implanter à l'étranger	to get a foothold abroad

II

une période de creux	period when business is slack
les affaires sont en plein marasme	business is stagnant
en pleine récession	in recession
la surproduction	over-production
être touché par la crise	to be affected by the crisis
l'offre dépasse largement la demande	supply considerably exceeds demand
un bénéfice faible en proportion de la dépense	small profit in relation to outlay
se répercuter sur le prix du produit	to have a knock-on effect on the the price of the product
avoir des embarras financiers	to be in financial difficulties
les facilités (f) d'emprunt	borrowing facilities
la carence	insolvency
faire faillite	to go bankrupt

III

le regain d'activité ⎫ la reprise des affaires ⎭	recovery in trading activity
l'essor (m) du commerce	take-off of trade
le secteur porteur	area with good prospects
le taux de production	rate of production
augmenter le rendement	to increase production
accroître la productivité	to increase productivity
la recherche d'une productivité toujours plus grande	seeking after ever-increasing productivity
les usines tournent à plein	factories are in full production
abaisser les coûts	to cut costs
la rentabilité	profitability, viability
le prix de revient	cost price
une entreprise performante	a high-performance company
l'O.P.A (Offre publique d'achat)	take-over bid
le chiffre d'affaires	turnover
le chiffre de vente	sales figures
le bilan annuel	annual figures
la marge bénéficiaire	profit margin
le carnet de commandes	order book
la concurrence	competition
être concurrentiel	to be competitive
la rivalité fait baisser les prix	competition brings prices down
des prix qui défient toute concurrence	highly competitive prices
se vendre comme des petits pains	to sell like hot cakes
un éventail de prix très large	a very wide range of prices

un prix forfaitaire	a package deal
la vente au détail/à l'unité	retail sale
faire une remise des prix ⎫ vendre au rabais ⎬	to sell at reduced prices
la vente promotionnelle ⎫ l'offre spéciale ⎬	special offer
en solde	at sale price
vendre à moitié prix	to sell at half price
à perte	at a loss

IV

la comptabilité	accounts department
la facture	invoice
envoi contre remboursement	cash on delivery
délivrer un reçu/un récépissé	to issue a receipt

Le Budget familial — The Household Budget

I

avoir un travail lucratif ⎫ rémunérateur ⎬	to have a well-paid job
la mensualité	monthly salary
le salaire ⎫ les honoraires (m) ⎬ le traitement ⎭	salary, wages
le salaire brut	gross salary
le salaire net	net salary (after tax etc.)
la revalorisation des salaires	pay review
l'augmentation (f)	rise
le rappel	back-pay
la prime de fin d'année	end of year bonus
l'aubaine (f)	windfall
la prime de licenciement	redundancy pay
l'allocation/prime (n) de maternité	maternity pay

II

cossu	affluent
les nantis	the well-to-do
avoir une situation aisée	to be well-off
avoir une vie de château	to live in the lap of luxury
vie de cocagne	
ne manquer de rien	to have everything
les hauts revenus	high salaries
les moyens revenus	moderate salaries

III

les bas salaires	low salaries
toucher un maigre salaire	to be poorly paid
la famille à faibles ressources	low-income family
le coût de la vie	cost of living
le pouvoir d'achat	purchasing power
la disparité des prix et des salaires	imbalance between prices and incomes
un prix abordable	affordable price
courant	normal price
modéré	reasonable price
élevé	high price
inabordable	unaffordable price
les prix flambent	prices are spiralling
une nouvelle hausse du prix de ...	another increase in the price of ...
avoir de grosses charges	to have heavy commitments
consacrer une partie importante de son salaire à	to spend a large part of one's income on ...
subir de plein fouet l'explosion des charges	to feel the full effect of the steep rises in costs
la part du loyer dans le budget ne cesse de s'alourdir	the proportion of the family budget spent on rent goes on increasing
la flambée des loyers	steep rise in rents
le bail draconien	lease with harsh terms
les deux mois de caution	two months rent paid as deposit
les dépenses (f) d'entretien	maintenance expenses
un faible niveau de vie	a poor standard of living
régler sa dépense contre son revenu	to cut one's coat according to one's cloth
vivre au-dessus de ses moyens	to live beyond one's means
boucler son budget / joindre les deux bouts	to make ends meet
arrondir les fins du mois	to supplement one's income
se serrer la ceinture	to tighten one's belt
s'endetter	to get into debt
la misère	poverty
vivre chichement	to live frugally
acheter d'occasion	to buy secondhand
le seuil de pauvreté	the bread-line
être nécessiteux	to be hard up
être à court d'argent	to be short of money
manger de la vache enragée	to be going through hard times
tirer le diable par la queue	to live from hand to mouth

se priver de ⎱	
se passer de ⎰	to do without
vivre aux crochets de ses parents	to live off one's parents

IV

le compte-chèques	bank cheque account
verser	to pay in
le mode de paiement	method of payment
le virement bancaire	credit transfer
payer par chèque	to pay by cheque
payer en espèces / liquide ⎱	
au comptant ⎰	to pay in cash
le chèque barré	crossed cheque
libeller un chèque au nom de	to make out a cheque to
le montant	sum, total
solder un compte	to wind up an account
être titulaire d'une carte de crédit	to hold a credit card
le créancier	creditor
amortir une dette	to pay off a debt (*gradually*)
régler une facture	to settle a bill
le prêt bancaire	bank loan
solliciter un prêt à long terme	to request a long-term loan
à court terme	short-term loan
à moyen terme	medium-term loan
un emprunt/prêt logement ⎱	
immobilier ⎰	mortgage
hypothécaire	
la caisse d'épargne	savings bank
percevoir des intérêts	to get interest
se constituer un modeste pécule	to build up a small nest-egg
le rentier	person with private income
cotiser à une mutuelle	to subscribe to a personal insurance scheme

V

L'Etat Providence	Welfare State
le contribuable	tax payer
les impôts locaux	local taxes
les redevances (*f*)	taxes, deductions from salary
le prélèvement obligatoire	compulsory deduction
les cotisations sociales ⎱	
la contribution sociale de solidarité ⎰	payments towards health service,etc.
les cotisations vieillesse	pension contributions
subvenir aux besoins de	to meet the needs of
les allocations familiales	family allowances
la prestation de vieillesse	old-age pension

La Vie politique

Les Collectivités locales

Local Government

le Préfet	Chief Executive (of *Département*)
les élections municipales	local government elections
le Conseil municipal	local council
le conseiller	councillor
le maire	mayor
le maire adjoint	deputy mayor

La Campagne électorale

The Election Campaign

se présenter aux élections	to stand for election
mobiliser l'électorat	to rally the support of the electorate
la tournée électorale	election tour
distribuer des tracts	to distribute pamphlets
l'enjeu électoral	election issue
promettre monts et merveilles	to promise the earth
ménager la chèvre et le chou	to keep both sides happy
de la cuisine électorale	electoral dishonesty
la campagne bat son plein	the campaign is in full swing
le sondage d'opinion	opinion poll
pronostiquer les résultats	to forecast the results
gagner du terrain	to gain ground
la poussée/montée d'un parti	the increase in support for a party
raffermir sa popularité	to bolster one's popularity
la cote d'un candidat monte	a candidate's popularity increases
baisse	declines

Les Elections

The Election

les élections présidentielles	election of the president
législatives	government
les élections anticipées	election before the end of a mandate
l'élection partielle	by-election
le référendum	referendum
le suffrage universel	right of every citizen to vote (universal suffrage)

29

le droit de vote	right to vote
le mode de scrutin	voting system
le scrutin majoritaire	'first past the post' ballot
la représentation proportionnelle	proportional representation
la circonscription	constituency
le premier tour de scrutin	first round of voting
se rendre aux urnes	to go to the polling station
le bulletin de vote	ballot paper
l'isoloir (m)	voting booth
voter	to cast a vote
donner sa voix à un candidat	to vote for a candidate
s'abstenir	to abstain
le taux de participation	turnout
le scrutin serré	close result
le report des voix	transfer of votes
décrocher 60% des suffrages ⎫ obtenir 60% des voix ⎭	to get 60% of the votes
une majorité se dégage en faveur de ...	a majority in favour of ... emerges
remporter une victoire écrasante	to win a landslide victory
le bouleversement de la carte électorale	complete change in the electoral map

avoir une majorité écrasante
                  faible
	to have a huge majority
	                small majority

élu sans majorité absolue	elected with no overall majority
partager le pouvoir	to share power
la coalition	coalition government

Le Gouvernement

The Government

le parti politique	political party
la gauche	the left
la droite	the right
conservateur	conservative
travailliste	Labour (G.B.)
socialiste	socialist
communiste	communist
anarchiste	anarchist
extrémiste	extremist
centriste	in the centre
réactionnaire	arch-conservative, reactionary
partisan du statu quo	in favour of the present system
détenir le pouvoir	to hold power
le chef de l'Etat	the head of state

le septennat	seven-year presidential term
le dirigeant d'un parti	party leader
le premier ministre	Prime Minister
le mandat	mandate (to govern)
la législature	term of office
le secrétaire d'Etat	Secretary of State
le ministre	minister
le ministère	ministry
le porte-parole	spokesperson
le remaniement ministériel	cabinet reshuffle
le Sénat	Senate, Upper House
l'Assemblée nationale	National Assembly, 'Commons'
la Chambre des Députés	'House of Commons'
le député	member of parliament
le siège parlementaire	seat in parliament
la séance (mouvementée)	(lively) sitting
le débat	debate
à l'ordre du jour	on the agenda
adopter une prise de position	to adopt a position
donner quelques précisions	to give details
une politique qui répond à la volonté du pays	policy which reflects what the country wants
marginaliser ses adversaires	to put one's opponents in a weak position
préconiser	to be in favour of
adopter un ensemble de mesures	to adopt a series of measures
imposer sa propre donne	to impose one's own ideas
ne pas transiger	to be uncompromising
prendre des mesures radicales	to take radical measures
la mise en oeuvre d'un grand dessein	putting into effect of a great plan
une réforme de grande envergure	far-reaching reform
changer de fond en comble	to make fundamental changes
faire table rase	to sweep away the old order
des mesures à long terme	long-term measures
à court terme	short-term measures
rédiger un projet de loi	to draw up a bill
présenter un projet de loi	to introduce a bill
rejeter un projet de loi	to throw out a bill
adopter un projet de loi	to pass a bill
abroger une loi	to repeal an act
marcher sur la corde raide	to walk the tight-rope
la politique de la corde raide	political brinkmanship
démissionner	to resign
renoncer au pouvoir	to give up power

E

Les Querelles partisanes

Party-political Disputes

les tergiversations du gouvernement	the government's dithering
les discussions piétinent / traînent en / longueur	discussions are getting nowhere / dragging on
le gouvernement traîne ses pieds	the government is dragging its feet
c'est la politique de l'autruche	the government is burying its head in the sand
être en perte de vitesse	to be losing momentum
être en retard sur les idées de son temps	to be out of touch with modern ideas
une politique qui se distingue par son irréalisme	a conspicuously unrealistic policy
être étroit d'esprit	to be narrow-minded
il manque la volonté politique pour affronter le problème	the political will to tackle the problem is lacking
les prédictions se sont trouvées démenties	the predictions have turned out to be wrong
brouiller les cartes pour gagner du temps	to cloud the issue in order to play for time
donner lieu à de multiples contestations	to give rise to many objections
la situation devient préoccupante	the situation is giving cause for concern
un dialogue de sourds	a discussion in which neither side listens to the other
élever de molles protestations	to make a weak protest
mettre l'opinion publique en éveil	to arouse public opinion
soulever un débat	to provoke discussion
s'engager dans une polémique	to become involved in a controversy
monter une cabale	to form a conspiracy
amorcer une offensive	to initiate an offensive
mettre le feu aux poudres	to act in an inflammatory manner
un conflit éclate	a conflict breaks out
s'insurger contre	to revolt against
se cabrer / regimber	to rebel
prononcer un violent réquisitoire	to condemn in the strongest terms
l'opposition se durcit	opposition is hardening
un raidissement très net	a very distinct hardening of attitudes
ne pas en démordre	to refuse to back down
la manifestation	demonstration

revenir à la charge	to go back on the attack
fustiger un adversaire	to denounce an opponent
passer dans le clan de l'opposition	to go over to the opposition
le noyau d'opposants	hard core of opponents
le changement de cap	change in direction, policy
le revirement le retournement le volte-face	about-turn in policy
la crise s'est dénouée	the crisis has been resolved

La Politique extérieure   Foreign Policy

les relations internationales	international relations
un foyer de tension est en train de naître	an area of tension is developing
rompre les relations diplomatiques	to break off diplomatic relations
la rupture des ...	the breaking off of ...
décider des sanctions économiques à l'encontre d'un pays	to decide on economic sanctions against a country
les super-puissances (f)	super-powers
une conférence au sommet	a summit conference
négocier	to negotiate
un préalable jugé inacceptable	preconditions regarded as unacceptable
l'échec (m) des pourparlers	breakdown of talks
les moyens (m) de défense	defences
faire son service militaire	to do compulsory military service
le conscrit	conscript
un objecteur de conscience	conscientious objector
la force de frappe	strike force
la guerre classique	conventional warfare
les essais nucléaires	nuclear weapons testing
une ogive	warhead
la course aux armements	arms race
la prolifération des armes	arms proliferation
un conflit s'amorce	there are signs of conflict
le bombardement	bombing
le blindé	armoured vehicle
la trève	truce, cease-fire
renouer le dialogue	to reopen discussions
jouer le rôle d'un conciliateur	to act as conciliator
trouver un terrain d'entente	to establish an area of agreement
la paix s'est maintenue	peace has been maintained
la détente	decrease in level of tension

F

33

un accord bilatéral	agreement between two sides
un accord de contrôle des armements	arms control agreement
un grand tournant historique	epoch-making event

Le Terrorisme

Terrorism

l'attentat (m)	terrorist attack
le jusqu'au-boutisme	fanatical determination
viser une cible	to aim at a target
frapper des responsables politiques	to strike at politicians
frapper à l'aveugle	to strike indiscriminately
l'alerte (f) à la bombe	bomb alert
détourner un avion	to hijack a plane
le pirate de l'air	hijacker
l'otage	hostage
la voiture piégée	booby-trapped car
l'explosion a ébranlé les locaux	the explosion shook the building(s)
faire trois blessés légers	to hurt three people slightly
provoquer d'importants dégâts matériels	to cause considerable damage
déstabiliser le régime en place	to destabilise the existing government
ébranler la démocratie	to weaken democracy
manipuler l'opinion publique	to manipulate public opinion
revendiquer un attentat	to claim responsibility for an attack
susciter un dégoût général	to provoke widespread disgust
dénoncer la violence aveugle	to denounce blind violence
assainir la situation	to clean up the situation
extirper le mal	to root out the evil
céder aux revendications	to give in to demands
tenir bon face au terrorisme	to stand firm against terrorism

L'Immigration et le racisme

L'Immigration et l'émigration

Immigration and emigration

le ressortissant	ex-patriate
le pays d'origine	country of origin
d'adoption	adoption
la terre d'accueil	host country
fuir la misère	to flee poverty
le chômage	unemployment
la tyrannie	tyranny
passer la frontière	to get across the border
le flux migratoire	flood of immigrants/emigrants
être admis au titre de ...	to be admitted as ...
... travailleur immigré	... immigrant worker
... réfugié politique	... political refugee
le statut de réfugié	refugee status
le droit d'asile	right of asylum
le regroupement familial	family joining an immigrant
l'immigration clandestine	illegal immigration
emprunter des filières clandestines	to use an illegal network
être en situation irrégulière	to be breaking the law
être muni d'une pièce d'identité	to have identification papers
d'une carte de séjour	a residence permit
d'un visa de tourisme	a tourist visa
être démuni d'une carte de travail	to have no work permit

Les Problèmes de l'insertion

Problems of Integration

absorber sans dommage	to absorb without trouble
la France connaît un nombre record d'immigrés	France has a record number of immigrants
la répartition inégale des immigrés sur le territoire	unequal distribution of immigrants within the country
atteindre des proportions critiques	to reach crisis proportions
dépasser le seuil d'intolérance	to go beyond acceptable limits
à forte densité immigrée	with a high immigrant population

le Maghrébin	North African
le Beur	second generation North African
le filtrage rigoureux	strict controls on entry
limiter l'accès au territoire	to impose immigration controls
maîtriser les flux d'entrée	to control the flow of immigrants
calculer des quotas	to set numerical limits
pourchasser les clandestins	to oust illegal immigrants
la reconduite à la frontière	expulsion
le repatriement	repatriation

II

être déraciné	to be rootless
inadapté	ill-adapted
marginalisé	exluded, rejected
avoir le statut d'étranger	to be treated as a foreigner
être entassés dans des foyers	to be crammed into hostels
le centre provisoire d'hébergement	temporary hostel
attribuer les logements sociaux	to allocate council flats
le ghetto	ghetto
le logement insalubre	squalid accommodation
bénéficier des droits sociaux	to receive social security
le travail au noir	illegal employment
le travail des sans-papiers se banalise	employment of immigrants without papers is becoming commonplace
les trafics de main d'oeuvre	black market in labour
une main d'oeuvre	work-force
à bas salaire	poorly paid
à bon marché	cheap
peu exigeant	undemanding
accepter sans rechigner	to accept without protest
des horaires élastiques	flexible working hours
la volonté de s'intégrer	the desire to become integrated
régulariser sa situation	to legalise one's position
respecter les lois	to obey the laws
respecter les moeurs locales	to respect local customs
le mariage mixte	mixed marriage
l'union interraciale	racial inter-marriage

Le Racisme

Racism

I

le brassage des cultures	mixing of cultures
les cultures s'entre-choquent	there is a clash of cultures
un fossé se forme	a gap develops

les groupes ethniques minoritaires	ethnic minorities
la religion islamique	Islam
l'imam	*imam*, Moslem priest
la mosquée	mosque
les règles alimentaires du Coran	Moslem dietary laws
les règles vestimentaires	laws governing clothing
des indésirables	'undesirables'
des fainéants	layabouts
les Français de souche	'genuine' French people
la méfiance	mistrust
la xénophobie	hatred of foreigners, xenophobia
l'antisémitisme (m)	antisemitism
le comportement raciste	racist behaviour
entretenir des sentiments racistes	to harbour racist feelings
la propagande rebondit	propaganda resurfaces
la montée de l'extrême droite	the resurgence of the extreme right wing
se déchaîner	to be unleashed
la discrimination raciale	racial discrimination
le harcèlement policier	police harassment
alimenter la rumeur	to nourish discontent
un climat de peur	a climate of fear
jouer des peurs	to play on fears
préjugés	prejudices
rancoeurs	resentment
attiser les passions	to fuel strong feelings
tensions	tensions
une attaque de caractère raciste	racist attack
une intensification de la violence raciste	escalation of racist violence

II

l'intégration des divers groupes ethniques du pays	integration of a country's ethnic groups
le patrimoine culturel	cultural heritage
conserver son identité culturelle	to maintain one's cultural identity
la liberté de pratiquer sa propre religion	freedom to practise one's own religion
s'ouvrir à la diversité culturelle de la société	to be open to cultural diversity
l'élimination de toutes formes de racisme	elimination of all forms of racism

Le Crime et la loi

Le Droit civil

Civil Law

Le Palais de Justice	Law Courts
les lois en vigueur	existing laws
l'arrêté municipal	bye-law
il est interdit de ...	it is forbidden to ...
défense de fumer	no smoking
sous peine d'amende	failure to comply will result in a fine
dresser une contravention à qqn. dresser un procès verbal contre qqn.	to 'book' s.o.
retirer un permis	to confiscate a licence
le retrait	confiscation
être poursuivi	to be taken to court
sanctionner une contravention	to punish an infringement of the law
être passible d'une amende	to be liable for a fine
certaines infractions au code de la route sont lourdement pénalisées	certain infringements of the Highway Code are severely punished
être en situation irrégulière	to be without the right documents
déposer une plainte contre ... porter plainte contre ...	to lodge a complaint against ...
intenter un procès à ...	to institute proceedings against ...
engager des poursuites judiciaires	to take legal proceedings
l'avocat de la partie civile	prosecuting counsel
de la défense	defending counsel
être dans son droit	to be within one's rights
être dans son tort	to be in the wrong

Le Droit pénal

Criminal Law

le casier judiciaire (vierge)	(clean) police record
être sur la mauvaise pente	to be going downhill, off the rails
basculer dans la délinquance	to slip into delinquency
avoir des démêlés avec la justice	to be in trouble with the law
enfreindre une loi	to break a law
une infraction à la loi	law-breaking

commettre un crime / un délit / un forfait	to commit a crime
récidiver	to commit the same crime again
le truand / le malfaiteur / le malfrat / l'escroc	crook
le filou	swindler
le loubard	yob
le hors-la-loi	outlaw
le complice	accomplice
le vol	theft
le vol à l'étalage	shoplifting
le vol avec effraction	breaking-in and burglary
faire une rafle	to raid
le vol à la tire	pick-pocketing
dévaliser qqn.	to rob s.o.
agresser	to mug
une agression à main armée	armed mugging
le cambriolage	burglary
receler un objet volé	to receive stolen goods
dégrader un bâtiment	to damage a property
s'en prendre aux personnes	to resort to violence
la tentative de meurtre	attempted murder
l'homicide (m) involontaire	manslaughter
le crime passionnel	crime of passion
agir sous l'emprise de l'alcool	to act under the influence of alcohol
en légitime défense	in self defence
la corruption	corruption, bribery
le chantage	blackmail
faire chanter	to blackmail
la fraude fiscale	tax evasion
passer en fraude	to smuggle
leurrer	to deceive
escroquer	to swindle
émettre un chèque sans provisions	to write a dud cheque
détourner des fonds	to embezzle funds
le rapt / l'enlèvement (m)	abduction, kidnapping
le ravisseur	kidnapper
exiger une rançon	to demand a ransom
le viol	rape
violer	to rape

L'Ordre public

Law and Order

la délinquance juvénile	juvenile delinquency
le désoeuvrement	having nothing to do
la bande de voyous	gang of yobs
la manifestation	demonstration
le taux de criminalité	crime rate
l'émeute (f)	riot
la bagarre	brawl, fight
la recrudescence de la criminalité	increase in crime rate
l'escalade de la violence	increase in violence
le maintien de l'ordre public	maintenance of law and order
prendre des mesures de répression draconiennes	to take repressive action severe action
la grande lance à eau	water cannon
les grenades lacrymogènes	tear gas
tirer sur	to shoot at
la balle	bullet

La Police

The Police

la police municipale	urban police force
la gendarmerie nationale	paramilitary police
les C.R.S. (Compagnie Républicaine de Sécurité)	riot police
la police de l'air et des frontières	frontier police
la police judiciaire	detective force
les forces de l'ordre	forces of law and order
le gardien de la paix	(ordinary) policeman
monter la garde	to mount guard
le motard	motorcycle policeman
le détective en civil	plain clothes detective
la voiture de police banalisée	unmarked police car
le fourgon cellulaire	armoured police van
patrouiller	to patrol
la bavure policière	police bungle

L'Enquête policière

Police Investigation

mener une enquête	to investigate
l'indicateur	informant
graisser la patte à qqn. (argot)	to bribe s.o. (slang)

dénoncer qqn.	to inform on s.o.
délivrer un mandat de perquisition	to issue a search warrant
perquisitionner	to conduct a search
passer au peigne fin	to go through with a fine tooth-comb
les empreintes digitales (f)	finger prints
l'indice (m)	clue
le portrait-robot	photofit, identikit picture
le crime non élucidé	unsolved crime
passer entre les mailles du filet	to slip through the net
être sur la piste de qqn.	to be on s.o.'s tracks
être aux trousses de qqn.	to be hard on s.o.'s heels
dépister les coupables	to track down those responsible
faire une rafle	to raid
mettre la main sur le coupable	to catch the guilty party
lancer un mandat d'arrêt	to issue a warrant for arrest

prendre en flagrant délit
      sur le fait
      la main dans le sac
	to catch red-handed

passer les menottes à qqn.	to handcuff s.o.
mettre en état d'arrestation	to place under arrest
interpeller placer en garde à vue	to take in for questioning
l'arrestation préventive	taking into custody
la détention provisoire	remand

Le Procès   The Trial

le tribunal d'instance	magistrate's court
le tribunal correctionnel	criminal court
la cour d'assises	high court
le parquet	public prosecutor's office
le juge	judge
le jury	jury
le président du jury	jury foreman
le juré	juror
le banc des jurés	jury box
des prévenus	dock
le juge d'instruction	examining magistrate
l'avocat	barrister
le procureur	public prosecutor
le défenseur	counsel for the defendant
le juge prononce le huis-clos	the judge orders a private hearing

passer devant les assises comparaître devant le tribunal	to appear in court
être inculpé de ...	to be charged with ...
l'inculpation (f)	charge
plaider (non) coupable	to plead (not) guilty
le plaidoyer la plaidoirie	speech for the defence
le réquisitoire	indictment
faire subir un interrogatoire à	to interrogate, cross-examine
passer aux aveux	to make a confession
appeler un témoin	to call a witness
le banc des témoins	witness box
le témoin oculaire	eye-witness
à charge	prosecution witness
à décharge	defence witness
le témoignage	evidence spoken in court
attester	to give evidence
la déposition	statement
déposer en faveur de l'accusé	to give evidence for the defence
la pièce à conviction	object held by prosecution as evidence
le parjure	perjury
prouver	to prove
la preuve	proof
le mobile	motive
prononcer le verdict	to give the verdict
donner tort à qqn.	to find against s.o.
se prononcer pour la culpabilité	to find guilty
avec circonstances atténuantes	with attenuating circumstances
acquitter	to acquit

prendre une ordonnance de
  non-lieu
	to acquit because of insufficient
	    evidence

infliger une peine	to sentence
la rigueur	severity
l'indulgence (f)	leniency
la peine de mort	death penalty
le régime carcéral	prison system
écrouer	to imprison
le détenu	prisoner
purger une peine de prison à vie	to serve a life sentence
la réclusion perpétuelle	life imprisonment
les travaux forcés	hard labour
être condamné à six mois de prison	to be given six months
six mois de prison avec sursis	six month suspended sentence
une erreur judiciaire	miscarriage of justice

faire appel	to appeal
la cour d'appel	court of appeal
la cour de cassation	high court of appeal
déposer un pourvoi en cassation	to lodge a final appeal
grâcier un condamné	to reprieve a condemned prisoner
la mise en liberté sous caution	release on bail
libérer ⎫ relâcher ⎬	to set free

Les Rapports humains

Le Taux de natalité

The Birthrate

la démographie	demography, population studies
la poussée démographique	increase in population
le taux de natalité élevé	high birth rate
l'exubérance de la natalité	lively increase in the birthrate
la famille nombreuse	large family
la diminution de la mortalité infantile	reduction in infant mortality rate
le taux de fécondité	fertility rate
le drame de la dénatalité	problem of decreasing birthrate

La Famille

The Family

le foyer	home
le milieu	surroundings
l'ambiance (f)	atmosphere
la situation familiale	family circumstances
l'état civil	marital status
le/la célibataire	unmarried person
se fiancer	to get engaged
les fiançailles (f)	engagement
le mariage	wedding
le mariage civil	civil marriage
épouser qqn. } se marier avec qqn. }	to marry s.o.
convoler en justes noces	to tie the knot
la jeune mariée	bride
le témoin du marié	best man
la demoiselle d'honneur	bridesmaid
le ménage	couple, household
le mari } l'époux }	husband
la femme } l'épouse }	wife
l'union (f) libre	living together (without getting married)

44

cohabiter	to live together
le planning familial	family planning
être enceinte	to be pregnant
accoucher	to give birth
l'avortement (*m*)	abortion
le divorce	divorce
l'abandon du conjoint	desertion
le père/la mère célibataire	single parent
le foyer monoparental	one-parent family
le veuf	widower
la veuve	widow
les obsèques (*f*)	funeral
l'enterrement (*m*)	burial
être en deuil	to be in mourning
l'orphelin	orphan
les parents adoptifs	foster parents
être en tutelle	to have a guardian

II

les grandes personnes	grown-ups
les proches	close relatives
avoir de la famille à Lyon	to have relatives in Lyon
les liens familiaux/de parenté	family ties
les jumeaux	twins
aîné	older
cadet(te)	younger
le demi-frère	half-brother
les petits-enfants	grandchildren
le beau-père	father-in-law
la belle-mère	mother-in-law
le gendre	son-in-law
la belle-fille	daughter-in-law
le parrain	godfather
la marraine	godmother
le baptême	christening
la première communion	confirmation and first communion

L'Age ingrat

The Awkward Age

des parents indulgents	lenient parents
complaisants	indulgent parents
traiter sur un pied d'égalité	to treat on equal terms
un enfant gâté	spoiled child
le manque de repères	lack of guidelines

supporter difficilement	to find it hard to cope with
le carcan du règlement	straitjacket of rules
mettre en question	to call into question
la contestation	challenge
l'affrontement (m) des points de vue	confrontation of points of view
mettre les parents au banc d'essai	to put parents on trial
rejeter l'autorité parentale	to reject parental authority
enfreindre les interdits	to do what is forbidden
trouver une façon de s'éclater	to find a way of letting one's hair down
faire sauter les contrôles	to break all the rules
n'en faire qu'à sa tête	to do as one likes
prendre une attitude provocatrice	to behave provocatively
mépriser les institutions	to scorn institutions
refuser de s'embourgeoiser	to refuse to become middle-class
reprocher aux adultes d'être ...	to reproach adults for being ...
... conformiste	... conformist
... routinier	... in a rut
... étroit d'esprit	... narrow-minded
donner du fil à retordre à ses parents	to make trouble for one's parents
en avoir ras-le-bol	to be fed up
être mal dans sa peau	to feel at odds with oneself
être bien dans sa peau	to be content, well-adjusted
être atterré	to feel very low
l'amertume (f)	bitterness
un état de déprime / d'abattement	state of depression
le désarroi	feeling of confusion
être au fond de l'abîme	to be at rock bottom
faire une fugue	to run away from home
revenir au bercail	to return to the fold

D La Vie sociale ## Social Life

(se) présenter	to introduce (o.s.)
faire la connaissance de	to meet for the first time
la prise de contact	first meeting
donner ses coordonnés	to give one's name, address, phone number
prendre/se donner rendez-vous	to make a date
les relations (f) (mondaines)	(social) contacts

avoir affaire à	to have dealings with
s'entretenir avec	to have a conversation with
l'entretien (m)	conversation
fréquenter	to have regular contact with

II

les moeurs (f)	social customs
le savoir-faire social	knowing how to behave
observer la bienséance	to observe the norms of behaviour
les convenances (f)	rules of polite society
b.c.b.g. (bon chic bon genre)	Sloaney, 'classy'
être de rigueur	to be the 'done thing'
la courtoisie	courtesy
la politesse	politeness
le manque de courtoisie l'incivilité (f) l'impolitesse (f)	discourtesy
accueillant	welcoming
sophistiqué	sophisticated
cultivé	cultivated
candide	naive
timide	shy
sauvage	anti-social
fruste	uncultivated
rustre	boorish
grossier	vulgar
être mal embouché	to use bad language
ignoble	base
la franchise	frankness, honesty
l'hypocrisie (f)	hypocrisy
sincère	sincere
factice	artificial
se moquer de qqn.	to make fun of s.o.
rire au nez de qqn.	to laugh in s.o.'s face
parler dans le dos de qqn.	to talk behind s.o.'s back
agir de bonne foi	to act in good faith
faire plaisir à	to please
embêter	to annoy
flatter	to flatter
féliciter	to congratulate
injurier	to insult
entourer qqn. de soins prodiguer des soins à qqn.	to make a fuss of s.o.

ménager qqn.	
être plein de prévoyance pour qqn. }	to go out of one's way to please s.o.
laisser tomber/lâcher qqn.	to drop s.o.

III

les potins (m)	local gossip
le préjugé	prejudice
porter un jugement moral	to make a moral judgement
on crie au scandale	people say it's a scandal
se scandaliser	to feel shocked
s'indigner	to be indignant
inadmissible	unacceptable
honteux	shameful
démentiel	crazy
aberrant	ludicrous
monstrueux	monstrous
inconcevable ⎱	
incroyable ⎬	unbelievable
inimaginable ⎰	
affreux	terrible
effroyable	frightful
épouvantable	horrifying
atroce	appalling
abominable	abominable
prendre qqn. pour un abruti	to regard someone as a half-wit
imbécile	an imbecile
crétin	a cretin
débile	gormless
mental	
ne pas tarir d'éloges au sujet de qqn.	to praise s.o. to the skies

La Vie affective / Emotional Life

s'entendre avec	to get on well with
une âme soeur	soul-mate
se lier d'amitié avec ⎱	
nouer une amitié avec ⎬	to make friends with
prendre qqn. en amitié ⎰	
affectionner	to feel affection for
s'éprendre de ⎱	
s'amouracher de ⎬	to fall for
s'enticher de ⎰	
s'engouer de	to become infatuated with
le coup de foudre	love at first sight

parler à coeur ouvert	to reveal one's feelings
l'amourette (f)	flirtation
être (follement) amoureux de	to be (madly) in love with
céder/se plier à la volonté de	to bow to s.o.'s will
être complaisant	to be indulgent
avoir qqn. bien en main/dans sa manche	to have s.o. round one's little finger
se laisser mener par le bout du nez	to be led by the nose
les relations connaissent des hauts et des bas	relationships have ups and downs
la désunion	marital disharmony
l'incompatibilité (f)	incompatibility
le refroidissement	cooling of relations
la tiédeur	luke-warm attitude
la froideur	coldness
maltraiter	to ill-treat
tromper	to deceive, be unfaithful to
délaisser	to abandon
rompre avec	to break off a relationship with
se séparer de	to separate from
le/la confident(e)	person in whom one confides
s'en remettre à	to put one's trust in
apporter du réconfort	to give comfort
soutien moral	moral support

Le Caractère / Character

I

avoir bon caractère	to have a good character
faire preuve de / démontrer	to show (*a quality, attitude*)
la gentillesse	kindness
l'altruisme (m)	altruism, concern for others
la bienveillance	benevolence
fidèle	faithful
ferme	resolute
ouvert	open
modeste	modest
garder son sang-froid	to keep calm
une patience sans bornes	limitless patience

II

avoir mauvais caractère	to have a bad character
agir par intérêt personnel	to act out of self-interest

l'égoïsme (m)	selfishness
malicieux	malicious
malveillant	malevolent
volage	fickle
lâche	cowardly
orgueilleux	arrogant
exigeant	demanding
grincheux	irritable
acariâtre	cantankerous
replié sur soi-même	withdrawn
être d'un commerce difficile	to be hard to get on with

Les Disputes

Arguments

I

être fâché avec	to be on bad terms with
froisser	to upset
désobliger	to offend
contrarier	to thwart
embêter	to annoy
brimer	to get at
agacer	to irritate
énerver qqn.	to get on s.o.'s nerves
harceler	to pester
provoquer	to provoke
pousser à bout	to push to the limit
humilier	to humiliate
prendre un malin plaisir à ...	to take a malicious delight in ...
faire de la peine à qqn.	to hurt s.o.'s feelings

II

une légère mésentente	slight misunderstanding
le malentendu / la méprise	misunderstanding
le conflit d'intérêts	conflict of interests
chipoter / ergoter	to quibble
faire la sourde oreille	to turn a deaf ear
le mouvement d'humeur	show of irritation
tourner autour du pot	to beat about the bush
trancher / aller droit au but	to get straight to the point
l'accès (m) de colère	fit of anger
chercher querelle à qqn.	to pick a fight with s.o.

50

se quereller
se disputer
se brouiller } to have a dispute
se chamailler

ne pas mâcher ses mots } not to mince one's words
parler sans ménagement

ne pas transiger — to be uncompromising
injurier — to insult
un accrochage — confrontation
piquer au vif — to cut to the quick
en venir aux mains — to come to blows

III

éprouver } to feel (*an emotion*)
ressentir

le mépris } scorn
le dédain

le ressentiment
la rancoeur } resentment
la rancune

garder rancune à qqn. } to hold a grudge against s.o.
en vouloir à qqn.

l'antipathie (*f*) — strong dislike
l'aversion (*f*) — aversion
la répulsion — repulsion
l'hostilité (*f*) — hostility
la haine — hatred
l'inimitié (*f*) — loathing
insurmontable — uncontrollable

IV

avoir mauvaise conscience — to be conscience-stricken
amadouer qqn. — to soften s.o. up
se placer dans l'optique de qqn. — to put o.s. in s.o. else's place
le terrain d'entente — area of agreement
concéder — to concede
céder — to give in
accéder à une demande — to acceed to a demand, request
s'accommoder de tout — to agree to everything
s'accorder pour } (*+infin*) to agree to
accepter de
l'accord (*m*) — agreement
l'écart se comble — the gap is narrowing
régler un différend — to settle a disagreement
se réconcilier avec — to be reconciled with

le rapprochement	reconciliation
resserrer un lien	to restore a link
renouer avec	to re-establish relations with
rentrer dans les bonnes grâces de	to get back in favour with

Le Troisième Age   ## Retirement

la longévité moyenne	average length of life
l'accroissement de la longévité	increase in length of life
l'allongement (m) de l'espérance de vie	increase in life expectancy
le taux de mortalité	death rate
partir à la retraite/prendre sa retraite	to retire
la retraite anticipée	early retirement
la préretraite	early retirement enforced by employer
la pension de retraite	retirement pension
l'allocation (f) veuvage	widow's pension
la vacuité de la vie	emptiness of life
la lutte contre la solitude	struggle against loneliness
la maison de retraite	old people's home
l'hospice (m) de vieillards	old people's hospital
la perte d'autonomie	loss of independance
la rupture avec son cadre de vie	break with one's own surroundings

L'Éducation

Rappel	**Reminder**
	I
être scolarisé	to attend school
l'école maternelle	infant school
l'école primaire	primary school
l'instituteur(-trice)	primary school teacher
aller au collège	to go to secondary school
être en sixième	to be in the first year of secondary school
la rentrée des classes	start of school year
le trimestre	term
un(e) externe	day pupil
le/la pensionnaire	boarder
le/la demi-pensionnaire	pupil who eats lunch at school
l'exercice (m)	exercise
le cahier	exercise book
le carnet	note book
le bulletin	report
la récréation	break time
la cour	yard, playground
le gymnase	gymnasium
le terrain de sports	sports ground
	II
le cours	lesson
l'étude (f)	study period
la matière	subject
épeler	to spell
l'orthographe (f)	spelling
la lecture	reading
l'écriture (f)	writing
l'informatique (f)	computer studies
les travaux manuels	craft work
l'atelier (m)	workshop
l'instruction civique (f)	current affairs lessons
faire des progrès	to make progress
passer le brevet (BEPC)	to take GCSE
redoubler la troisième	to repeat the 4th year

L'Administration

Administration

l'école laïque	non-denominational state school
l'académie (f)	area education authority
le rectorat	area education office
le recteur	Chief Education Officer
le proviseur	headmaster of a lycée
le directeur/la directrice	head teacher
le censeur ⎫	
l'intendant ⎭	assistant head
l'économe	bursar
le/la surveillant(e) général(e)	teacher in charge of discipline
le surveillant/pion	supervisor

Le Lycée

Secondary School

quitter le collège à la fin de la 3e	to leave school after GCSE
la fin de la scolarité obligatoire	the end of compulsory schooling
changer d'école	to change schools
passer en seconde	to go up into the 5th form
le conseil de classe	advisory committee of teachers
faire le bilan des notes	to weigh up the marks
le dossier scolaire	school record
l'orientation pédagogique	educational guidance
émettre des voeux d'orientation	to express a preference for certain subjects
éviter les filières poubelles	to avoid combinations of subjects regarded as a dead-end
choisir une option ⎫ section ⎬ filière qui convient ⎭	to choose a suitable group of subjects
arrêter une décision d'orientation	to advise a pupil which subjects to study
être fort en langues vivantes	to be good at languages
être faible en sciences	to be weak in science
être nul en géographie	to be useless at geography
être doué pour les maths	to have a gift for maths
être apte à poursuivre des études plus poussées	to have the ability to take on more advanced work

II

l'apprentissage (*m*)	learning process (apprenticeship)
se reporter au manuel	to refer to the text book
éclaircir	to explain
saisir l'idée	to grasp the idea
retenir	to memorise
être branché	to know what is going on
une prise de notes efficace	efficient note-taking
combler des lacunes	to fill gaps
le brouillon	rough copy
la rédaction	essay
la citation	quotation
rédiger une dissertation	to write up a long essay
acquérir les connaissances de base	to acquire basic knowledge
les disciplines de base	basic skills
acquérir une connaissance approfondie	to acquire thorough knowledge
savoir sur le bout des doigts	to have at one's fingertips
élargir ses connaissances	to broaden one's knowledge
se tenir informé	to keep o.s. informed
être en prise sur l'actualité	to keep in touch with the latest news
être à l'affût des nouveautés	to be on the watch for new information
le travail en équipe	team-work
un mélange de théorie et de pratique	a mixture of theory and practice
s'astreindre à un travail régulier	to get down to a steady rhythm of work
l'assiduité (*f*)	consistency of effort
être disposé à travailler	to be prepared to work
se consacrer à son travail	to commit oneself to work
être bûcheur/bosseur	to be hard-working (*slang*)
travailler avec acharnement d'arrache-pied	to work like mad
être un bourreau de travail	to be a workoholic
un climat de compétition	a competitive atmosphere
un travail de longue haleine	work requiring a long-term effort
un travail plus exigeant	more demanding work
tirer le meilleur de soi-même	to get the best out of oneself
un sujet qui vous accroche	a subject which engages your interest
mettre les bouchées doubles	to redouble one's efforts
se creuser la cervelle	to rack one's brain

intervenir en classe	to participate in class discussion
rester en tête du peloton	to stay in the lead
se distinguer de la masse	to be head and shoulders above the others
être fainéant	to be idle
bâcler/saboter son travail	to dash off one's work
relever des fautes	to spot mistakes
un travail insuffisant	inadequate work
se faire coller	to be kept in detention (slang)
la retenue	detention
se faire traiter de cancre	to be called a dunce
se décourager	to get depressed
sécher des cours	to cut lessons

III

le contenu du programme	syllabus content
adapté aux besoins actuels	adapted to current needs
le décalage entre théorie et pratique	gap between theory and practice
le bachotage	cramming for A Level
ingurgiter trop de connaissances disparates	to take in too many different kinds of facts
être surchargé/débordé de travail	to be overworked
une journée surchargée	very hectic day
un programme surchargé	overloaded syllabus
une classe surchargée	overcrowded class
le surmenage scolaire	overwork at school
être à la hauteur des attentes parentales	to live up to parental expectations
alléger	to alleviate
aménager les horaires	to adapt the timetable
réduire l'effectif des classes	to reduce class sizes
des locaux vétustes	old, worn-out buildings
bien équipés	well-equipped buildings
une nécessité de premier plan	a priority need

IV

le corps enseignant	the teaching profession
le personnel enseignant	the teaching staff
la qualité de l'enseignement	the quality of teaching
la correction des copies	marking
un professeur se fait chahuter	a teacher gets played up
respecter	earns respect
il/elle:	he/she:
fait peur pour faire travailler	frightens people to get work out of them

allie le travail et la décontraction	gets people to work in a relaxed atmosphere
fait aimer sa matière	gets people to enjoy the subject
fait détester sa matière	makes people hate the subject
donne un cours magistral	gives a lecture
encourage le dialogue	encourages discussion
est sympathique	is likeable
est antipathique	is not likeable
est ouvert	is approachable
est cloîtré dans son petit univers	lives in his/her own little world
connaît sa discipline	know his/her subject
transmet clairement ses connaissances	gets his/her knowledge across well
une discipline de fer	strict discipline
une ambiance disciplinée	a disciplined atmosphere
une ambiance décontractée	a laid-back atmosphere
la pagaille	chaos

V

le bulletin trimestriel	termly report
le relevé des notes	statement of marks
le contrôle continu	continuous assessment
l'examen blanc	mock exam
passer le bac	to take A Levels
plancher	to be examined
avoir un trou de mémoire	to have a lapse of memory
être collé à l'oral	to fail the oral
l'oral (m) de rattrapage	're-take' oral
des cours de rattrapage	remedial classes
le résultat	result
être reçu	to pass
avoir son bac	to pass one's A Levels
rater son bac	to fail one's A Levels
échouer	to fail
l'échec (m)	failure (abstract)
le/la raté(e)	failure (person)
le jury	team of examiners
une mention bien	a good grade
une mention passable	a pass grade
le taux de réussite	percentage of passes
le nivellement par le bas	levelling down of standards
atteindre le niveau de qualification nécessaire	to reach the required standard

le palmarès	top rating
décerner un prix	to award a prize
la distribution des prix	prize giving

L'Après-bac

After A Levels

le bachelier	s.o. who has passed A Level
poursuivre ses études	to continue one's studies
faire des études plus poussées	to do more advanced work
passer un concours	to take a competitive exam
s'inscrire à la faculté	to sign on for a university course
l'école normale	training college
des études de lettres	Arts course
le cours magistral ⎫ la conférence ⎭	lecture
le DEUG (Diplôme d'etudes universitaires générales)	first university exam
la licence	Bachelor's degree
la maîtrise	Master's degree
le CAPES	teaching diploma
l'agrégation (f)	postgraduate competitive examination
faire de la recherche	to do research
la thèse de doctorat	doctoral thesis

Le Travail

La Formation professionelle

Job Training

un diplôme monnayable	a marketable qualification
plus on est diplômé, moins on risque d'être au chômage	the better qualified you are, the less likely you are to be out of work
l'orientation professionnelle	career guidance
faire des projets d'avenir	to make plans for the future
se destiner à une carrière dans ...	to be aiming for a career in ...
se fixer un objectif	to establish a goal to aim at
se prémunir	to equip oneself
affronter les mutations techno- logiques	to cope with technological changes
le débutant	beginner
l'entraînement (m)	training
l'apprentissage (m)	apprenticeship, learning process
effectuer un stage	to do a course
le/la stagiaire	course participant
la formation en alternance	vocational training alternating with lessons
être formé sur le tas	to learn the job while doing it
s'initier aux pratiques du métier	to get basic experience of a job
acquérir une compétence	to acquire competence
connaître les ficelles du métier	to know the ins and outs of the job
l'insertion professionnelle	getting into the job market

Le Marché du travail

The Job Market

la population active	the working population
une pénurie de main d'oeuvre personnel qualifié	a shortage of labour qualified staff
un manque aigu d'hommes de terrain	an acute shortage of experienced people
l'inadaptation de l'offre à la demande d'emploi	unsuitability of applications in relation to jobs offered
la surqualification par rapport aux métiers réellement exercés	overqualification in relation to the work actually done

Poser sa candidature

Applying

l'A.N.P.E. (L'Agence nationale pour l'emploi)

National Employment Agency

les offres (f) d'emploi
offrir d'intéressants débouchés
le recrutement
s'insérer sur un créneau dégagé

advertisements for jobs
to offer interesting job prospects
recruitment
to find and fill a gap in the job market

un secteur porteur/d'avenir
éviter les secteurs en déclin
miser sur ses atouts
s'inscrire comme demandeur d'emploi

an area with good prospects
to avoid areas with poor prospects
to play on one's good points
to sign on as unemployed and looking for work

faire des démarches auprès de ...
poser sa candidature
posséder les qualifications requises

to make approaches to ...
to make an application
to possess the required qualifications

avoir un niveau de formation (in)suffisant

to have (in)adequate qualifications

fournir des références
se faire embaucher
trouver une situation
réussir par ses propres moyens
obtenir un emploi par relations
arriver par le piston
une offre séduisante
un décalage entre le niveau de qualifications requis et le salaire proposé

to provide references
to be taken on
to find a job
to succeed by one's own efforts
to get a job through contacts
to succeed thanks to influence
very attractive offer
discrepancy between the level of qualifications required and the salary offered

un contrat à durée déterminée
                    indéterminée
une embauche définitive
un emploi stable
la sécurité de l'emploi
un emploi précaire
demander une mutation

temporary contract
permanent contract
permanent job
a secure job
job security
an insecure job
to request a transfer

La Foire d'empoigne

The Rat-race

avoir le pied à l'étrier
travailler avec entrain
être expérimenté

to be on the way up
to work with enthusiasm
to be experienced

valoir son pesant d'or	to be worth one's weight in gold
avoir le vent en poupe	to be going up in the world
se faire pistonner	to get s.o. to pull strings for you
gravir les échelons	to climb up the ladder
être promu	to be promoted
accéder au statut de cadre	to reach the position of executive

L'Industrie — Industry

le bâtiment	building trade
l'industrie (f) pétrolière	oil industry
automobile	car industry
alimentaire	food industry
textile	textile industry
métallurgique	steel industry
manufacturière	manufacturing industry
la chaîne de montage	production line
un travail abêtissant abrutissant }	stupefyingly tedious job
le travail par roulement	shift work
le chef d'équipe le contremaître }	foreman
l'ouvrier spécialisé	skilled worker
le manoeuvre	unskilled worker
le métier manuel	craft

Le Bureau — The Office

la fonction publique	civil service
le/la fonctionnaire	civil servant
le secteur tertiaire	service industries
le col blanc	white-collar worker
le col bleu	blue-collar worker
assurer la permanence	to be on duty/call
le cadre moyen	middle manager
le cadre supérieur	top manager
gérer une entreprise	to run a business
la gestion	management (*abstract*)
la direction	management (*people*)
le président-directeur général/ p.-d.g.	managing director
le siège social	head office
la succursale	branch

Les Horaires

le travail saisonnier
le travail intérimaire
le travail au noir
travailler dans la clandestinité
travailler à temps plein
        à temps partiel
        à mi-temps
des heures supplémentaires
prendre la relève
chercher un créneau dans un
   emploi du temps chargé
l'aménagement (m) des horaires
la pause-déjeuner
le taux d'absentéisme
l'assiduité (f)
le jour férié
faire le pont

le jour de congé
le congé payé
partir en congé de maternité
            maladie

Working Hours

seasonal work
temporary work, 'filling in' for s.o.
moonlighting
to work illegally
to work full-time
        part-time
        half-time
overtime
to take over (shift) from someone
to look for a gap in a busy
   schedule
introduction of flexible hours
lunch break
rate of absenteeism
regular attendance
public holiday
to take an extra day off between
   a public holiday and a weekend
day off
paid holiday
to go on maternity leave
           sick leave

Les Grèves

lancer un appel de grève
le gréviste
se porter gréviste
l'arrêt (m) de travail
le piquet de grève
étendre le mouvement à d'autres
   secteurs
la revendication
le SMIC (salaire minimum inter-
   professionnel de croissance)
une augmentation des salaires
une diminution du temps de travail
une cinquième semaine de congé
   payé
la retraite à soixante ans
le syndicat

Strikes

to call a strike
striker
to join a strike
walk-out
picket
to spread the movement to other
   areas of industry
demand, complaint
minimum wage

increase in salaries
reduction in working hours
fifth week of paid holiday

retirement at sixty
union

adhérer à	to join
la cotisation syndicale	union dues, subscription
le syndicaliste	union member
le responsable syndical	union official
le délégué syndical	union representative
l'affaiblissement de l'esprit syndicaliste	decline in union support
le poids syndical s'est allégé	union influence has decreased

Le Chômage

Unemployment

débaucher	to get rid of staff
l'allègement (m) des effectifs	reduction in staff
les sureffectifs (m)	unnecessary staff
recenser les méthodes de production	to review production methods
les mutations industrielles	industrial change
un personnel (non) préparé aux mutations technologiques	a staff (un) prepared for technological change
être en mal d'adaptation	to have problems with adapting
l'ordinateur (m)	computer
l'informatique (f)	computing
la robotisation (f)	replacement of workers by robots
supprimer des emplois	to get rid of jobs by natural wastage
mettre qqn. en préretraite	to force s.o. into early retirement
la retraite anticipée	early retirement
le préavis de licenciement	redundancy notice
mettre en chômage technique	to lay off
être en chômage technique	to be laid off
licencier renvoyer congédier virer	to sack
être au chômage	to be out of work
le chômeur	unemployed person
le désoeuvrement	having nothing to do
l'oisiveté (f)	idleness
se tourner les pouces	to twiddle one's thumbs
l'allocation (f) de chômage	unemployment benefit
toucher l'aide publique	to be on social security
le chômage de longue durée	long-term unemployment
avoir l'impression d'être mis au rebut	to feel rejected

un pays embourbé dans le chômage — country bogged down in unemployment

le chômage a franchi le cap de ... — unemployment has passed the ... mark

prendre des mesures pour favoriser l'emploi — to take measures to help increase employment

endiguer le chômage — to halt the increase in unemployment

le taux de chômage a marqué un palier — the unemployment figures have reached a plateau

on a constaté une diminution / un repli — a decrease has been registered

la baisse est faible / sensible — the decrease is slight / significant

la courbe de l'emploi se remet à grimper — the employment curve is starting to rise again

l'embauche repart — people are taking on staff again

un secteur qui s'enrichit de créneaux — an area which is offering more and more job vacancies

les offres d'emploi poursuivent leur remontée — the increase in the number of vacancies is continuing

un taux de chômage ramené à 5% de la population active — an unemployment rate brought down to 5% of the workforce

La Santé

Les Soins médicaux

Medical Care

garder la forme	to keep fit
être en bonne santé	to be in good health
être bien portant	to be well
être en pleine forme	to be extremely well
être un peu fatigué	to be under the weather
être souffrant	to be unwell
se sentir malade	to feel ill
présenter les symptômes de …	to show the symptoms of …
se faire soigner	to get medical attention
le médecin généraliste	general practitioner
le médecin conventionné	National Health doctor
le spécialiste	consultant
le chirurgien	surgeon
le chirurgien dentiste	dental surgeon
le cabinet de consultation	doctor's/dentist's surgery
la consultation	visit to the doctor
les premiers soins	first aid
le pansement	bandage
la piqûre	injection
le docteur lui a tâté le pouls	the doctor took his/her pulse
la maladie (à longue durée)	(long-term) illness
le malade	patient
le microbe	germ
le virus	virus
l'épidémie (f)	epidemic
suivre un traitement	to have treatment
garder le lit	to stay in bed
le remède	cure
l'ordonnance (f)	prescription
le médicament	medicine
la posologie	dosage
le comprimé	pill
le vaccin	vaccine
suivre un régime	to be on a diet
maigrir	to lose weight
grossir	to put on weight

être hospitalisé	to be taken to hospital
le SAMU (Service d'aide médicale urgente)	emergency ambulance service
le brancard	stretcher
le centre hospitalier	general hospital
la clinique	private hospital
se faire opérer	to have an operation
une intervention chirurgicale	operation
la salle d'opération	operating theatre
la transfusion sanguine	blood transfusion
l'infirmier/ière	nurse
la sage-femme	midwife
le fauteuil roulant	wheelchair
la béquille	crutch
se remettre/se rétablir	to recover

La Drogue

Drugs

I

le goût de la transgression	desire to do something wrong
participer au monde adulte	to be a part of the adult world
gagner un certain prestige	to win a kind of prestige
un environnement mal supporté	an environment one can't stand
un moyen d'évasion rapide	a rapid means of escape
s'évader du quotidien	to escape from the everyday
calmer l'angoisse	to calm a feeling of anguish
chercher son salut	to seek one's salvation

II

le stupéfiant	drug
la seringue	syringe
la drogue douce	soft drug
la drogue dure	hard drug
planer	to feel high
s'adonner à ...	to become addicted to ...
devenir toxicomane	to become a drug addict
la toxicomanie	addiction
entraîner une dépendance	to cause dependency
l'escalade fatale	inevitable increase in dependency
l'effet (m) à long terme	long-term effect
redoutable sur le plan organique	extremely bad for the body
la surdose mortelle	fatal overdose

III

avoir la volonté de décrocher	to have the will to kick the habit
la désintoxication	process of cure of an addiction
s'abstenir	to abstain from
se priver/se passer de	to do without
sevrer qqn. d'une drogue	to wean s.o. off a drug
de l'alcool	alcohol
mettre un terme à la dépendance physique	to bring an end to physical dependency
le sevrage psychologique	getting over psychological dependency
le syndrome de manque	withdrawal symptoms
des douleurs diffuses	pains all over
une insomnie tenace	incurable insomnia
une angoisse épouvantable	terrible anxiety
il n'y a pas de remède miracle	there is no miracle cure
le projet de réinsertion	rehabilitation programme
la rechute	return to consumption

IV

le narcotrafiquant	drug trafficker
l'acheminement (m)	moving (drugs) from place to place
le vendeur	pusher
le cartel	ring
démanteler une filière	to bust a drug ring
endiguer	to bring under control

Les Sciences et la technologie

La Recherche scientifique — Scientific Research

le chercheur	researcher
le pionnier	pioneer
le laboratoire	laboratory
l'éprouvette (f)	test tube
acquérir des connaissances	to acquire knowledge
maîtriser une technique	to master a technique
perfectionner une technique	to perfect a technique
la mise au point	process of getting it right
la percée technologique	technological breakthrough
s'attaquer à des domaines neufs	to deal with new areas
le dernier cri de la technologie	the last word in technology
le foisonnement d'innovations	profusion of new discoveries
prendre les devants	to be in the lead
brûler les étapes	to make very rapid progress
percer les secrets	to uncover secrets
bouleverser de fond en comble un domaine de la technologie	to shake an area of technology to its foundations
automatiser une usine	to automate a factory
engendrer le bien-être	to enhance the quality of life
élever le niveau de vie	to raise living standards
l'utilisation abusive/dévoyée	misuse
fabriquer du chômage	to create unemployment
l'électronique tue plus d'emplois qu'elle ne crée	electronics kills more jobs than it creates
tarder à se moderniser	to be slow in getting up to date
cesser d'être compétitif	to stop being competitive

La Recherche médicale — Medical Research

les produits (m) pharmaceutiques	pharmaceutical products
le diagnostic	diagnosis
le médicament	medicine
la technique chirurgicale	surgical technique
maîtriser des techniques	to master techniques
l'amélioration (f) des connaissances	improvement in knowledge

accomplir des progrès fulgurants	to make staggering progress
aborder les transformations qui s'amorcent	to tackle new developments
une maladie sévit	a disease is rife
dépister l'origine d'une maladie	to trace the origin of a disease
le dépistage précoce	early diagnosis
prénatal	diagnosis before birth
la mise au point d'un vaccin	perfecting of a vaccine
du meilleur schéma thérapeutique	the best treatment
évaluer la toxicité d'une substance	to evaluate the toxic nature of a substance
repérer les effets secondaires	to identify the side effects
une maladie en régression	illness which is disappearing
recourir à	to have recourse to
passer par une phase indispensable	to go through an essential stage
être indispensable pour certaines recherches	to be invaluable in certain areas of research
l'expérimentation animale	vivisection
susciter de violents polémiques	to arouse fierce argument
l'élevage clandestin	illegal breeding
le ramassage sauvage	culling of wild/stray animals
infliger des souffrances à	to inflict suffering on
la réglementation rigoureuse	strict control
servir de cobaye	to be used as a guinea-pig
le prélèvement d'organes	removal of parts of the body
la greffe	transplant
les manipulations génétiques	genetic planning
modifier le patrimoine génétique	to change the genetic inheritance
l'insémination artificielle	artificial insemination
le bébé-éprouvette	test-tube baby
l'acharnement (m) thérapeutique	desperate attempt to provide therapy
les soins palliatifs	medication to relieve pain
alléger la douleur	to relieve pain
être atteint d'un mal incurable	to be terminally ill
le respirateur	life support machine
mettre fin à des souffrances	to bring an end to suffering
administrer une dose mortelle	to administer a fatal dose
débrancher un patient en coma irréversible	to switch off the life support machine of a patient in a terminal coma
la cas désespéré	patient at death's door
la relation bénéfice/risque	the benefit/risk equation
comporter un risque	to carry a risk

mieux vaut prévenir que guérir	prevention is better than cure
le dilemme entre la conscience et le droit	the dilemma of conscience versus the law
le mépris de l'être humain	contempt for the human being
une atteinte à la dignité de l'individu	assault on human dignity
être contraire aux principes du droit	to be against basic legal rights

L'Informatique / Computer Studies

un ordinateur	computer
une machine à traitement de textes	word processor
l'informatique (f)	computer science
la micro-informatique	micro-computer science
l'informaticien	computer scientist
le programmeur	computer programmer
le hardware	hardware
le logiciel	software
la banque de données	data bank
la puce	micro-chip
le microcircuit	micro-circuit
la criminalité informatique	breaking into computer programmes

La Diététique / Dietary Science

la cuisine minceur	food for slimmers
l'alimentation (f) quotidienne	daily intake of food
industrielle	junk food
la carence en vitamines	lack of vitamins
la teneur en sucre	sugar content
riche en graisses	fatty
être néfaste pour l'organisme	to be harmful to the system
provoquer la mort prématurée	to cause premature death
avoir des kilos en trop	to be overweight
être au régime	to be on a diet
le pain complet	wholemeal bread
le son (de blé)	bran
la protéine	protein
les sels (m) de fer	irons
la sous-alimentation / l'insuffisance (f) alimentaire	under-nourishment

70

l'anorexie (*f*)	anorexia
les farineux (*m*) } les féculents (*m*)	starchy foods
la crise de foie } le désordre hépatique	liver trouble

L'Ecologie et l'environnement

L'Exploitation des ressources

Exploitation of Resources

puiser dans le patrimoine	to use up our heritage
répondre aux besoins énergétiques	to meet the needs for energy supply
le charbon/la houille	coal
le gaz	gas
le gisement	deposit (*oil, gas*)
la plateforme pétrolière	oil rig
le pétrolier	oil tanker
l'oléoduc (*m*) } le pipeline }	oil pipeline
acheminer le brut jusqu'au terminal	to bring the oil to the terminal
le baril de brut	barrel of crude oil
le carburant	fuel
l'essence (*f*)	petrol
le fuel	heating oil
le gasoil	diesel fuel
la centrale nucléaire	nuclear power station
électrique	conventional power station
les décharges industrielles	industrial waste
les émissions (*f*) de gaz carbonique	discharge of carbon gas
le taux d'oxyde de soufre	level of sulphuric oxide
les chlorofluorocarbones/CFC	CFC gases
la bombe aérosol	aerosol spray
le système réfrigérant	refrigeration system
l'agriculture à grand renfort d'engrais chimiques	agriculture which relies heavily on chemical fertilizers
déverser des pesticides	to pour on pesticides
les polluants (*m*)	pollutants
le déboisement } le défrichement }	deforestation

Les Retombées

The Consequences

les effets (*m*) néfastes	harmful effects
la nocivité de qqch.	harmful nature of something

se déverser dans la mer	to flow into the sea
au large des côtes	off the coast
les dégâts écologiques	damage to the environment
l'hécatombe (f)	mass destruction
la dégradation de l'eau	deterioration of water
des sols	soil
de l'environne-ment	the environment
se détériorer	to deteriorate
le dépérissement des forêts	dying off of forests
les déchets radioactifs	radioactive waste
les malformations génétiques	genetic disorders
les pluies (f) acides	acid rain
le trou dans la couche d'ozone	hole in the ozone layer
l'effet (m) de serre	greenhouse effect
la hausse généralisée de la température	general rise in temperature
la sécheresse	drought
la fonte des calottes polaires	melting of polar icecaps
faire monter le niveau des océans	to cause a rise in sea-level
le raz-de-marée	tidal wave
rayer de la carte	to wipe off the map
le pouvoir d'épuration des océans	capacity of the sea to absorb pollutants
arriver au seuil de saturation	to reach saturation point
dépasser le seuil	to go beyond the point
le seuil catastrophe	disaster level
les espèces menacées	threatened species

Les Mesures à prendre

Measures Required

limiter les dégâts	to contain the damage
sensibiliser les opinions	to make people aware of the problem
prévoir les conséquences	to foresee the consequences
les industriels virent au vert	industrialists are becoming environmentalists
les choses s'améliorent/s'arrangent	things are improving
la survie des espèces	survival of species
l'assainissement (m)	cleaning up
changer de mode de consom-mation énergétique	to change the energy supply
privilégier les énergies non-polluantes	to favour non-polluting forms of energy

au détriment des énergies fossiles	in preference to fossil fuels
la houille blanche	hydro-electric power
l'énergie solaire (f)	solar energy
l'électricité marémotrice	tidal power
l'essence sans plomb	lead-free petrol
les matériaux bio-dégradables	bio-degradable substances
l'usine (f) de retraitement	treatment plant
traiter les déchets	to treat waste
recycler les détritus	to recycle waste
l'épuration (f) des eaux usées	purification of used water supplies
se doter d'équipement	to equip o.s.
contrôler les rejets polluants	to control pollutant waste
protéger les réserves d'eau douce	to protect stocks of drinking water

Les Voyages et les moyens de transport

Prendre le volant   Driving

I

l'automobiliste	driver
l'auto-école (f)	driving school
le moniteur	instructor
l'examen du permis de conduire	driving test
obtenir le permis de conduire	to get a driving licence
du premier coup	at the first attempt
la vignette	tax disc
la police d'assurance	insurance policy
le numéro d'immatriculation	registration number
la plaque minéralogique	number plate

II

la voiture particulière	private car
mettre le moteur en marche	to start the engine
démarrer	to move off
changer de vitesse	to change gear
caler	to stall
l'agglomération (f)	built-up area
la voie piétonne/piétonnière	road for pedestrians only
la piste cyclable	cycle lane
le couloir réservé aux autobus	bus lane
le feu rouge les feux de circulation	traffic lights
le rond-point	roundabout
le carrefour	crossroads
la rue à sens unique	one way street
rouler en sens interdit	to drive the wrong way along a one way street
le sens giratoire	giratory system
être dans la bonne/mauvaise file	to be in the right/wrong lane
le virage	bend
le périphérique le boulevard de ceinture	ring-road
le passage à niveau	level crossing

III

le réseau routier	road network
la route carrossable	road suitable for motor vehicles
la (route) nationale/(R.) N.	'A' road
départementale/(R.) D.	'B' road
l'autoroute (f)/A.	motorway
le péage	toll (*money and collecting place*)
l'échangeur (m)	motorway junction
la bretelle d'accès	slip road
la voie de raccordement	slip road, link road to motorway
la bande médiane	central reservation
la tronçon	section, stretch of road
l'aire de repos (f)	lay-by
l'aire de service (f)	service area
l'accotement stabilisé	hard shoulder
le bas-côté	verge
la chaussée déformée	bad road surface
les travaux (m)	road works
route barrée	road closed
la déviation	diversion
le panneau (de signalisation)	road sign
la carte routière	road map
faire un crochet	to make a detour
prendre un raccourci	to take a short cut
se tromper de route	to take the wrong road
les heures de pointe/d'affluence	peak hours
le goulot d'étranglement	bottle-neck
le bouchon	
l'embouteillage (m)	traffic jam
l'encombrement (m)	
entraver la circulation	to hold up the traffic
il y a un ralentissement	traffic is slow-moving
pare-chocs contre pare-chocs	bumper to bumper
l'itinéraire (m) de délestage	route to relieve congestion
suivez les flèches vertes	follow the green arrows
l'itinéraire (m) de 'bison futé'	route using less congested roads
suivez bison futé	follow the 'crafty bison' signs
la circulation est dense	
le trafic est important	traffic is heavy
la circulation est fluide	traffic is flowing smoothly

IV

la sécurité routière	road safety
conduire prudemment	to drive carefully

rouler lentement	to drive slowly
à toute allure, vitesse	fast
à fond de train	flat out
foncer ⎫	
appuyer sur le champignon ⎬	to put one's foot down
dépasser/doubler	to overtake
freiner (à mort)	to brake (violently)
ralentir	to slow down
accélérer	to accelerate
respecter le code de la route	to obey the highway code
la limitation de vitesse	to observe the speed limit
la vitesse maximale autorisée	speed limit
dépasser la limitation de vitesse	to exceed the speed limit
le contrôle radar	radar speed check
boucler la ceinture	to fasten the seat-belt
le chauffard	road hog
brûler/griller un feu rouge	to go through a red light
dépasser dans un virage	to overtake on a bend
couper la ligne jaune	to go over the yellow line in the middle of the road
le motard	motorcycle cop
l'alcootest (*m*)	breathaliser
dresser une contravention	to issue a ticket
déraper	to skid
rouler en sens inverse	to be coming the other way
entrer en collision avec	to collide with
heurter de plain fouet	to have a head-on collision with
rentrer dans ⎫	
percuter ⎭	to crash into
le carambolage (en série)	(multiple) crash, pile-up
sortir indemne	to escape without a scratch
faire un constat	to make a statement

v

se garer en double file	to double-park
en zone bleue	to park in a restricted area
le contractuel/la contractuelle	traffic warden
le papillon	parking ticket (*slang*)
la fourrière	car pound
être passible d'une amende	to be liable for a fine

vi

tomber en panne	to break down
la crevaison	puncture
le cric	jack

la roue de secours	spare wheel
être en panne sèche	to be out of petrol
la nourrice	
le bidon de réserve ⎵	petrol can
faire venir une dépanneuse	to send for a breakdown truck
se faire remorquer	to get a tow
le mécanicien	mechanic
dépanner qqn.	to help s.o. out of difficulty
la pièce de rechange	spare part
la réparation (de fortune)	(amateur/temporary) repair
remorquer	to tow
démonter le moteur	to strip down the engine
la station-service	service station
le pompiste	petrol pump attendant
libre service	self service
faire le plein	to fill up
l'ordinaire	two-star petrol
le super	four-star petrol
l'essence (f) sans plomb	unleaded petrol
le gas-oil	diesel fuel
le prix du carburant	price of fuel
le lavage	car wash
la vidange	oil-change
vérifier l'huile	to check the oil
les pneus	tyres
la batterie	battery
le radiateur	radiator
l'antigel (m)	antifreeze
la carrosserie	body-work of a vehicle
le capot	bonnet
le coffre	boot
le siège avant	front seat
arrière	back seat
la banquette	bench seat
le démarreur	starter
le starter	choke
l'embrayage (m)	clutch
le frein (à main)	(hand) brake
allumer les phares (m)	to switch on the headlights
les feux de stationnement	side lights
mettre les phares en code	to dip the lights
le klaxon	horn
klaxonner	to sound the horn
mettre le clignotant	to put on the indicator
le pare-brise	windscreen

78

voler en éclats — to shatter
l'essuie-glaces (m) — windscreen wiper
le volant — steering wheel
la direction — steering
le rétroviseur — rear-view mirror
le pot d'échappement — exhaust pipe
le silencieux — silencer
le pot catalytique — catalytic converter
la galerie — roof-rack

Prendre le train — Going by train

la S.N.C.F. (Société Nationale des Chemins de fer Français) — French Railways

le réseau ferroviaire — railway network
la gare de triage — marshalling yard
la voie de garage — siding
le bureau de renseignements — information office
se renseigner — to enquire
l'horaire (m) — timetable
la fiche horaire — timetable leaflet for one route
le train circule tous les jours — the train runs every day
sauf dimanches et fêtes — except Sundays and public holidays

circulation périodique — irregular service
le guichet — ticket office
réserver une place — to reserve a seat
le bulletin de réservation — reservation slip
voyager en première — to travel first class
        seconde — second class
un compartiment (non) fumeur — a (non) smoking carriage
le billet simple — single ticket
        aller-retour — return ticket
le supplément — supplementary charge
la réduction — reduction
valable — valid
la validité — validity
le distributeur automatique — ticket machine
faire l'appoint — put in the correct money
cet appareil ne rend pas la monnaie — this machine does not give change
composter — to validate, date-stamp
la salle d'attente — waiting room
la salle des pas perdus — station concourse

la voie	track
le quai	platform
le passage souterrain	subway
la passerelle	footbridge
le train entre en gare	the train comes in
en provenance de ...	coming from ...
à destination de ...	going to ...
un train direct	through train
un changement de train	change of trains
la correspondance	connection
le train dessert les gares de ...	the train stops at ...
le T.G.V. (Train à Grande Vitesse)	high speed train
la ligne classique	original (pre-TGV) route
le rapide	fast train
l'express (m)	semi-fast train
l'omnibus (m)	stopping train
l'autorail (m)	local diesel train
la motrice	locomotive
en queue	at the back
en tête	at the front
la voiture climatisée	air-conditioned coach
CORAIL	modern, air-conditioned coach
le wagon-lit	sleeping car
le fourgon	luggage van
la restauration	catering facilities
le gril express	self-service restaurant car
la vente ambulante	refreshment trolley
la portière	door
le couloir	corridor
la banquette	bench seat
le porte-bagages	luggage rack
les bagages (m pl)	luggage
la valise	suitcase
le sac	bag
le sac à dos	rucksack
le chariot	luggage trolley
la consigne (automatique)	left luggage (locker)

Prendre l'autobus

Going by bus

le car	coach between towns and villages
la gare routière	bus/coach station
l'arrêt de bus	bus stop

80

l'arrêt obligatoire	compulsory stop
facultatif	request stop
faire signe au machiniste	signal to the driver
le car de ramassage scolaire	school bus
le chauffeur	driver
le receveur	conductor
le contrôleur	inspector

Prendre le métro | ## Going by underground

la R.A.T.P. (Régie Autonome des Transports Parisiens)	Paris Bus and Underground
le R.E.R. (Réseau Express Régional)	fast train service to Paris suburbs
la station de métro	underground station
la bouche du métro	underground station entrance
le carnet de tickets	book of ten tickets
l'abonnement (m)	season ticket
la rame	train (also used for SNCF trains)

Prendre un taxi | ## Going by taxi

la station de taxis	taxi rank
le barème des tarifs	scale of charges
le prix de la course	fare
le supplément	extra charge
le pourboire	tip

Prendre le bateau | ## Going by boat

le paquebot	liner
le vaisseau	vessel
le vapeur	steam-boat
la péniche	barge
la vedette	speed-boat
le port (d'attache)	(home) port
le poste d'accostage	berth
la passerelle	gangway
l'embarquement (m)	embarcation
le débarquement	disembarcation
la croisière	cruise
la traversée	crossing
la cargaison	cargo
la cale	cargo hold

la mer est belle	the sea is calm
forte	rough
la houle	swell
tanguer	to pitch
avoir le pied marin	to have one's 'sea legs'
le mal de mer	sea sickness
être à la dérive	to drift
chavirer	to capsize
couler (au fond)	to sink (to the bottom)
le naufrage	shipwreck
le canot de sauvetage	lifeboat
le gilet de sauvetage	lifejacket
l'épave (f)	wreck

Prendre l'avion — Going by plane

l'aéroport (m)	airport
l'aérogare (f)	terminal
le comptoir d'enregistrement	check-in desk
l'appareil (m)	aircraft
la carlingue	fuselage
le poste de pilotage	cockpit
l'aile (f)	wing
le moteur à réaction	jet engine
le long-courrier	long-haul plane
le moyen-courrier	middle-distance plane
faire escale	to make a stop-over
à bord	on board
le pilote	pilot
l'équipage (m)	crew
l'hôtesse (f)	hostess
le steward	steward
la piste d'envol	runway
les balises (de nuit)	runway lights
la tour de contrôle	control tower
décoller	to take off
franchir le mur du son	to go through the sound barrier
les aiguilleurs du ciel ⎤	
les contrôleurs du trafic aérien ⎦	air traffic controllers
le couloir aérien	air corridor
l'engorgement du trafic aérien	air traffic congestion
survoler Paris	to fly over Paris
à dix mille mètres d'altitude	33,000 feet up
les consignes de sécurité	safety instructions

atterrir	to land
l'atterrissage en catastrophe	crash landing
s'écraser	to crash
la boîte noire	flight recorder, 'black box'

Les Autres Moyens de transport

Other forms of transport

le vélo	bicycle
le guidon	handlebars
la selle	saddle
le deux-roues le vélomoteur	moped
la moto	motorbike
le port obligatoire du casque	compulsory wearing of helmet
le camion	lorry
le camionneur le routier	lorry driver
le camion citerne	tanker
le poids lourd	heavy goods vehicle
la camionnette	van
l'aéroglisseur (m) l'hovercraft (m)	hovercraft
la navette	shuttle service
faire de l'autostop/du stop	to hitch-hike

Les Voyages en général

Travelling in general

les transports en commun collectifs	public transport
frôler l'asphyxie	to be near bursting point
par quel moyen de transport?	by what form of transport?
monter dans	to get into
descendre de	to get off
déposer qqn.	to drop s.o. off
se mettre en route	to set off (person as subject)
se mettre en marche	to move off (vehicle as subject)
arriver à bon port	to arrive safely
le point de chute	place to stay temporarily
bondé	crowded
emprunter l'autoroute	to use the motorway
le passage souterrain	subway

83

passer par ...	to go via ...
le renseignement diffusé par haut-parleur	information broadcast over loudspeakers
le trafic est perturbé	traffic is disrupted
subir un retard	to be subject to a delay
à vol d'oiseau	as the crow flies
il faut deux heures	it takes two hours
le décalage horaire	time difference
le parcours	journey, part of journey
le trajet	journey
faire un saut jusqu'à ...	to pop over to ...
la frontière	border
le contrôle des passeports	passport control
un passeport périmé	an out-of-date passport
la douane	customs
le douanier	customs officer
effectuer des contrôles	to carry out checks

Les Médias

La Radio

diffuser
le poste émetteur
l'antenne (f)
capter une émission
sur ondes courtes
  ondes moyennes
  grandes ondes
  modulation de fréquence
les parasites (m)
une émission en direct
  en différé
enregistrer
l'auditeur/auditrice
le journal
le bulletin d'informations
le flash
le point sur l'actualité
les points chauds de l'actualité
les actualités régionales
le radio reportage
le présentateur
le speaker/la speakerine

La Télévision

le téléviseur
le petit écran
le magnétoscope
la chaîne
la grille de programmes
le téléjournal
le feuilleton
le documentaire
le programme de variétés
l'animateur

Radio

to broadcast
transmitter
aerial
to pick up a broadcast
on short wave
  medium wave
  long wave
  FM
interference
a live broadcast
a recorded broadcast
to record
listener
news programme
news bulletin
news flash
news summary
main points of the news
regional news
radio news reporting
news reader
announcer

Television

television set
the small screen
video recorder
channel
programme schedule
TV news
soap opera
documentary
variety show
compère

la reprise	repeat
le réalisateur	producer
la course à l'audience	competition between channels
les indices (m) d'écoute	audience ratings
drainer une large audience	to draw a wide audience
la télévision par satellite	satellite TV
une antenne parabolique	satellite dish
la chaîne à péage ⎫ cryptée ⎬	subscription channel
le décodeur	decoding equipment
être relié à un réseau câblé	to be connected to a cable network
la télécommande	remote control
zapper	to switch from channel to channel

certains programmes ont une
    valeur éducative
	some programmes have an
	    educational value

encourager la passivité	to encourage passivity
détruire l'art de la conversation	to destroy the art of conversation
accaparer l'attention des enfants	to monopolise children's attention
s'abêtir ⎫ s'abrutir ⎬	to become moronic
c'est abrutissant ⎫ abêtissant ⎬	it dulls people's wits

Le Théâtre / Theatre

le spectacle	show
être à l'affiche	to be on, showing
la pièce tient l'affiche	the play is running
quitte l'affiche	is coming off
la location à l'avance	advance booking
la répétition générale	dress rehearsal
la première	first night
la représentation	performance
la distribution	cast
interpréter un rôle	to play a part
faire du théâtre	to go on the stage
le comédien/la comédienne	actor/actress
l'acteur/actrice comique	comedian/comedienne
la mise en scène	production
le metteur en scène	director
le décor	scenery
le rideau	curtain
les coulisses (f)	wings
la scène	set
la rampe	footlights

le régisseur	stage manager
le souffleur	prompter
souffler la réplique	to give a prompt
salle comble	house full
faire salle comble	to play to full houses
le bide	flop
l'entracte (m)	interval
la relâche hebdomadaire	weekly closure
le théâtre subventionné	subsidised theatre
le bureau de location	box-office

Le Cinéma   Cinema

le cinéphile	regular film goer
la commission de censure	board of censors
la sortie	release
la séance permanente	continuous showing
passer	to be showing
tourner un film	to make a film
sur le plateau	on set
en extérieur	on location
le scénariste	scriptwriter
le scénario	screenplay
le producteur	producer
le réalisateur	director
doubler	to dub
en version française	dubbed in French
en version originale	in the original language
sous-titré	sub-titled
le court-métrage	short film
la bande-annonce	trailer
la vedette	film star
interdit aux moins de 18 ans	'18' film

La Presse   The Press

le journal quotidien	daily newpaper
la revue/le magazine hebdomadaire	weekly magazine
mensuel	monthly
l'illustré (m)	comic
la bande dessinée	comic strip
le lecteur/la lectrice	reader

s'abonner à …	to subscribe to …
un abonné	subscriber
un abonnement	subscription
le marchard de journaux	newsagent
le kiosque	news stand

II

un journal à fort tirage	paper with a big circulation
tiré à 100 000	with a circulation of 100,000
le rédacteur	editor
l'équipe (f) de rédaction	editorial team
un article de tête	leading article
tenir la rubrique des sports	to write the sports column
le critique	critic
la critique	criticism
le compte rendu	review, account
un événement	event
les informations (f)	news
la nouvelle	item of news
les actualités (f)	current affairs
les faits divers	short news items
le reportage	report/reporting
tenir le public au courant	to keep the public up to date
rédiger un rapport	to write a report
les gros titres } les manchettes (f) }	headlines
à la une	on the front page
un envoyé spécial	special correspondent
une exclusivité	scoop
commenter	to comment on
l'analyse (f)	analysis
les petites annonces	small ads
les faire-part de naissances, de mariages, de décès	announcements of births, marriages and deaths
la nécrologie	obituary column
le courrier	letters
les mots croisés	crossword
les annonces publicitaires	advertisements
les revenus publicitaires	advertising revenue

III

la presse à sensation	the sensational press
le journal de petit format	tabloid paper
faire appel aux instincts les plus bas	to appeal to the basest instincts
un article de caractère diffamatoire	libellous article

une invasion de la vie privée	invasion of private life
le vice rapporte des bénéfices	vice makes money
alerter l'opinion publique	to arouse public opinion
une arrière-pensée politique	political ulterior motive
nourrir les préjugés/partis-pris (*m*)	to fuel prejudice
sauvegarder la libre parole	to protect free speech
un abus de la liberté d'information	an abuse of freedom of information
la censure	censorship

La Publicité — Advertising

faire de la réclame	to advertise
le spot publicitaire	broadcast advertisement
le placard publicitaire	advertisement hoarding
une campagne de publicité	advertising campaign
promouvoir	to promote
le fer de lance du marketing	spearhead of marketing
viser une cible	to have a target in view
le matraquage publicitaire	bombarding with advertising
la publicité tapageuse	obtrusive advertising
accrocher le consommateur	to catch the consumer's attention
exploiter des désirs latents	to exploit hidden desires
susciter la convoitise	to arouse a desire to own
une communication persuasive	persuasive communication
décrocher la confiance des clients	to win the customers' confidence
faire une bonne prestation à l'antenne	to put on a good show on the air
diriger le choix	to influence choice
le conditionnement psychologique	psychological conditioning
agir sur le subconscient	to act on the subconscious
le lavage de cerveau	brainwashing
l'efficacité (*f*) du message	effectiveness of the message
créer des besoins superflus	to create imaginary needs
acheter aveuglément	to buy without thinking
vivre au-delà de ses moyens	to live beyond one's means
la société d'abondance de consommation	affluent society / consumer society
une société gavée de biens	society over-provided with material possessions

La Littérature

A La Production littéraire

Literary Production

l'écrivain	writer
l'auteur	author
l'ouvrage (m)	work
les oeuvres complètes	complete works
le romancier	novelist
le prosateur	writer of prose works
le roman	novel
le roman de moeurs	novel depicting aspects of society
d'anticipation	science fiction novel
feuilleton	serialised novel
à thèse	novel with philosophical message
le récit ⎫ le conte ⎭	short story
le dramaturge	playwright
la pièce de théâtre	play
le poète	poet
le poème	poem
la poésie	poetry
le recueil	collection (e.g. of poems)
publier	to publish
l'éditeur	publisher
inédit	unpublished
paraître en librairie	to be published
la parution d'un livre	publication of a book

B Le Contenu

Contents

le narrateur	narrator
s'inspirer de ...	to get an idea, inspiration from ...
l'idée (f) de départ	initial idea
traiter de ...	to deal with ...
il s'agit de ...	it's about ...
le scénario	situation
l'intrigue (f) se déroule	the plot unfolds
le personnage	character (i.e. individual)

le caractère	character (*i.e. personality*)
le protagoniste	protagonist (*i.e. participant*)
la péripétie	twist in the plot
le dénouement	outcome
décrire	to describe
représenter (avec exactitude)	to portray (accurately)
la description détaillée	detailed description
raconter (en détail)	to recount (in detail)
le réalisme	realism
peindre d'après nature	to depict life as it is
l'âpre vérité (*f*)	the harsh truth
l'objectivité (*f*)	objectivity
didactique	didactic, with a message
l'engagement (*m*)	commitment
la signification	significance, meaning
signifier	to mean
refléter	to reflect
dépayser le lecteur	to take the reader into a different world
le dépaysement	change of surroundings
idéaliser	to idealise
imaginaire	imaginary
évoquer	to evoke
chimérique	fanciful
irréel	unreal
la fantaisie	fantasy
le rêve	dream
la nostalgie	nostalgia
la sentimentalité	sentimentality

La Critique littéraire

Literary Criticism

le compte-rendu critique	critical review
le commentaire	commentary
l'exposé (*m*) schématique	systematic explanation
décortiquer un texte	to analyse a text in detail
une critique serrée	closely-argued criticism
analyser	to analyse
élucider	to clarify
éclaircir	to explain
l'éclaircissement (*m*)	explanation, clarification
évaluer	to evaluate

le résumé
le sommaire } summary
l'abrégé (*m*) }
l'extrait (*m*)   extract
dégager l'idée maîtresse   to bring out the main idea
            la morale   the moral
dépister une influence littéraire   to trace a literary influence
une oeuvre de circonstance   work prompted by specific events
puiser des exemples dans ...   to take examples from ...
citer   to quote
la citation   quotation
porter un jugement sur ...   to make a judgement on ...

II

une oeuvre couronnée de succès   a successful work
éprouver un goût très vif pour ...   to have a strong taste for ...
retirer un grand profit de ...   to gain much from ...
s'identifier avec les personnages   to identify with the characters
le chef d'oeuvre   masterpiece
une oeuvre de génie   work of genius
            parfaite en son genre   a model of its kind
une oeuvre d'une grande portée   highly significant work
l'auteur a de l'esprit   the author is witty
l'auteur s'exprime avec netteté   the author writes with precision
l'auteur traduit clairement ses   the author puts across his/her ideas
   idées   clearly
l'auteur enrichit son récit de ...   the author enriches his/her story
                                                            with ...
l'auteur est en avance sur les idées the author is ahead of his/her time
   de son temps
on admire la puissance   we admire the imaginative power
                  d'imagination
                  la puissance du   power of reasoning
                  raisonnement
                  le foisonnement   wealth of ideas
                  d'idées
                  la profondeur des   depth of feeling
                  sentiments
                  la lucidité de la pensée   clarity of thought
                  le récit saisissant   striking narrative
                  les descriptions vives   vivid descriptions
                  l'ironie mordante   biting irony
                  l'esprit railleur   mocking wit
                  le style à l'emporte-   incisive style
                  pièce

le style est sobre	the style is controlled
net/clair	clear
soigné	careful
nerveux	vigorous, terse
imagé	full of imagery
raffiné	refined
piquant	racy, entertaining
concis	concise
recherché	sophisticated
le livre passionne	the book thrills
tient en haleine	grips
suscite l'admiration	arouses admiration
suscite la réflexion	is thought-provoking
déborde d'humour	overflows with humour
est hilarant	is hilarious
est émouvant	is moving
est déroutant	is disturbing
est triste à pleurer	moves you to tears

III

je n'apprécie pas l'ambiguité	I dislike the ambiguity
la circonlocution	wordy style
la prolixité	undue length
le verbiage	verbosity
la désuétude	old-fashioned air
les lieux communs	clichés
les platitudes	commonplace remarks
la niaiserie	silliness
les idées floues	vague ideas
détails scabreux	risqué details
le style est contourné	the style is involved
maniéré	mannered
alambiqué	over-complicated
diffus	wordy
répétitif	repetitive
déclamatoire	pompous
enflé	inflated
archaïque	old-fashioned
farfelu	eccentric
banal	banale
fade	insipid
morne	drab
plat	flat

l'intrigue est invraisemblable	the plot is unbelievable
incohérente	incoherent
décousue	disjointed
les idées sont inaccessibles	the ideas are beyond reach
inintelligibles	incomprehensible
dépourvues de sens	senseless
illogiques	illogical
l'auteur sort du sujet	the writer goes off the point
saute d'un sujet à un autre	jumps from one subject to another
s'exprime de façon obscure	is hard to follow
pille/plagie	lifts from others, plagiarises
est un piètre écrivain	is very poor
l'ouvrage rebute le lecteur	the work turns the reader off
manque d'étoffe	lacks substance
le livre est ennuyeux	the book is boring
débile	feeble
illisible	unreadable
du charabia	rubbish
un navet	worthless

Les Beaux Arts

The Arts

I

le patrimoine	heritage
l'archéologie (f)	archeology
le musée lapidaire	archeological museum
restaurer	to restore
le monument	historic building, monument
les curiosités (f)	the sights
moyennâgeux	from the Middle Ages
mediéval	medieval

II

les archives (f)	archives
l'exposition (f)	exhibition
le vernissage	preview
la peinture	painting
le portrait en pied	full-length portrait
la nature morte	still life
au premier plan	in the foreground
à l'arrière-plan	in the background

la toile / le tableau	canvas
le peintre	painter
le portraitiste	portrait painter
le paysagiste	landscape painter
le sculpteur	sculptor
la sculpture	sculpture
dessiner	to draw
une esquisse	sketch
collectionner	to collect
une collection (de tableaux)	collection (of paintings)

III

le chanteur/la cantatrice	singer
la partition	musical score
avoir l'oreille musicienne	to have a musical ear
la musique sacrée	religious music
profane	non-religious music
le chef d'orchestre	conductor
le premier violon	leader, first violin
l'opéra (*m*)	opera
le compositeur (-trice)	composer
le/la soliste	soloist
le choeur	(church) choir, chorus
la chorale	choir
le concert	concert
le pianiste de concert	concert pianist

British Library Cataloguing in Publication Data

Humberstone, Dr Paul
  Mot a mot.
  I. Title
  448.2

ISBN 0 340 54786 3

First published 1991
Impression number 16 15 14 13 12 11 10 9 8
Year   1998 1997 1996 1995 1994

Typeset by Columns Design and Production Services Ltd, Reading.
Printed in Great Britain for Hodder & Stoughton Educational, a division of
Hodder Headline PLC, 338 Euston Road, London NW1 3BH
by Cox & Wyman Ltd, Reading, Berkshire.